投资人看

看

世界

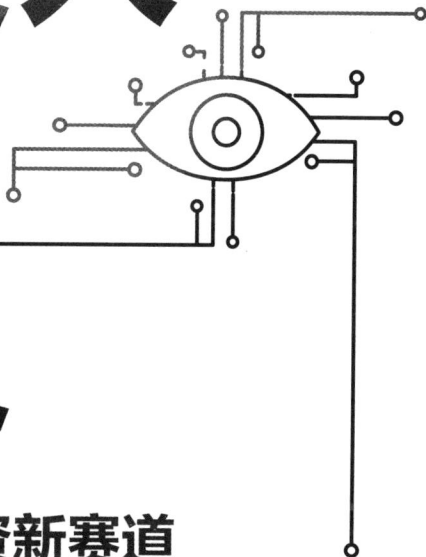

数智时代投资新赛道

张瑞 _____ 主编   吴明辉 _____ 副主编

電子工業出版社·
Publishing House of Electronics Industry
北京·BEIJING

图书在版编目（CIP）数据

投资人看世界：数智时代投资新赛道 / 张瑞主编 . —北京：电子工业出版社，2022.2

ISBN 978-7-121-42800-5

Ⅰ . ①投⋯　Ⅱ . ①张⋯　Ⅲ . ①投资－通俗读物　Ⅳ . ① F830.59-49

中国版本图书馆 CIP 数据核字（2022）第 018383 号

责任编辑：杨雅琳
印　　刷：天津千鹤文化传播有限公司
装　　订：天津千鹤文化传播有限公司
出版发行：电子工业出版社
　　　　　北京市海淀区万寿路 173 信箱　邮编：100036
开　　本：720×1000　1/16　印张：17.5　字数：220 千字
版　　次：2022 年 2 月第 1 版
印　　次：2022 年 2 月第 1 次印刷
定　　价：78.00 元

凡所购买电子工业出版社图书有缺损问题，请向购买书店调换。若书店售缺，请与本社发行部联系，联系及邮购电话：(010) 88254888，88258888。

质量投诉请发邮件至 zlts@phei.com.cn，盗版侵权举报请发邮件至 dbqq@phei.com.cn。

本书咨询联系方式：(010) 88254210，influence@phei.com.cn，微信号：yingxianglibook。

时移世易。

从 1978 年改革开放至今，已有四十余年。在这还不到半个世纪的时间里，乡村农舍变成高耸入云的摩天大楼，泥泞的山间小路被滚烫的沥青覆盖，田间悠扬的农人号子化成城市里喧闹的人声车鸣……中华大地见证了一根根烟囱的立起，又见证了它们一根又一根倒塌，纺织厂里对着机器日夜操劳的工人如今成了写字楼里对着电脑敲个不停的白领。

这四十余年变化太快，中国人民正在用半个世纪的时间跑着西方国家几百年的路程。

我们看到无数企业成为时代的弄潮儿，它们的一举一动备受社会关注；又看到它们在吃尽时代红利后内卷竞争，直至在新科技的发展下沦为夕阳产业；我们看到一个又一个崭新的名词出现在我们面前，又逐渐习惯它们融入我们的日常生活。

投资也是一样的，投资人这个岗位也一样。在 20 世纪 90 年代，投资还是一个大多数国人闻所未闻的新鲜事物，如今已变成大多数国人虽不甚了解但常常能从各类渠道听到的金融行业的热门词语。

与一些行业在科技发展中无可避免地沦为夕阳产业相比，投资行业虽然偶尔有周期性的波动，但却总是朝气蓬勃的，投资人总是盯紧时代的最前沿，在时代的大潮中寻找那些最有可能站在风口浪尖上的创业者，寻找着未来可能的发展方向。

1998—2001 年是门户网站；2004—2008 年是电子商务和社交；2011—2013 年是智能手机和移动社交；2014—2016 年是直播、文娱和金融科技；2016—2018 年是短视频、消费升级、AI、大数据和云服务；2018—2019 年是 AI 物联网和社交电商；2019 年至今是生物医药和半导体。不难发现，投资的风口和热门领域每每与社会大潮的脚印高度重合，从某种程度上讲，投资的热门领域也将会是未来社会的热门行业。

最早的入局者也成了最早"吃螃蟹的人"，那些判断好方向，并投资了能够活到最后的企业的投资人也造就了一个又一个财富神话。离我们最近的，便是 2015 年左右诞生的美团、饿了么等，而主导这些项目的投资人最后获得的回报几乎为天量。

那几年是投资圈最为火热的几年，天南海北的人才如潮水般涌进投资这个圈子，各路新兴基金如雨后春笋般出现，整个行业开始欣欣向荣，无数人的目光紧紧盯着漫天飞舞的 PPT 和商业计划书，渴望从中捞出下一个美团、下一个饿了么……在最疯狂的那几年，一份优秀的 PPT，一个背景尚可的团队，就足以让投资人拿出钱来"抢占赛道，让马儿先跑一跑"。

可疯狂的年代也不会一直持续下去。

2017 年，"资金荒"字眼就时常见诸媒体；2018 年，史上"最严"

资管新规《关于规范金融机构资产管理业务的指导意见》(简称《资管新规》)的出台更是让诸多中小私募投资机构雪上加霜。清科旗下私募通数据显示，2019 年中国股权投资市场投资案例数为 8234 起，同比下降 17.8%；投资总金额为 7630.94 亿元，同比下降 29.3%。

突如其来的新冠肺炎疫情，更是打乱了众多投资机构的投资节奏，它们中的大多数，在这场疫情面前都变得极其谨慎，强者恒强的马太效应更加明显。

移动互联网的创业造富大潮已然退去，投资机构之间的竞争日益激烈，如何发现新兴行业机遇，寻找优质项目成为困扰大多数投资人的问题。

从我们过去的访谈和调研中可知，在如今的投资人眼里，我们已经步入了"数智时代"。数，指的是大数据；智，指的是 AI，二者相结合，不仅迸发出了诸多新兴行业的投资机会，更给予了传统行业升级改造的可能性。因此，AI、硬科技、医疗健康、金融科技、新消费脱颖而出，成了新一代的投资赛道和方向。

新的时代需要新的投资逻辑、新的投资方法，以及新的人才血液。因此我们看到，如今越来越多的投资机构和投资者感叹"投资的门槛越来越高了"。这样的情况尤其集中在医疗健康领域和硬科技领域，越来越多的投资机构开始寻找有科技和医药背景的投资人，同样地，投资人也越来越重视创业者的学业背景。早期投资机构广撒网式的投资方式日益消减，专业化、狙击化的投资方法越来越普遍。

"只有深入研究一个行业的发展历史、底层逻辑，你才知道该投资什么，哪些细分领域有好的投资机会，甚至行业未来发展的方向是什么。"秉持这样投资信念的投资人也越来越多，越来越成为主流。

如何在数智时代把握机遇？如何在大的行业机会背景下进入最优赛道？如何让自己更适应数智时代？探寻这些问题的答案，是我们出版这本书的初心，也是我们在采访完诸多投资人后心中树立的信念。

作为本书的读者，你在这本书里可以看到具有专业背景的投资人对未来行业发展趋势的判断，在不同赛道里不同的投资方法和思路，以及诸多"半路出家"的投资人是怎样打磨自身的专业知识，投身数智化投资大潮中来的。

当然，如果从更广、更高的历史维度来看，这一切都发生在国内产业升级和供给侧结构性改革的大背景下，是其催生的各种新生态势的细节和延续，每个年代都有自身的鲜明特征，也都给予了时代弄潮儿巨大的机会。

数智时代也并不例外，把握住新时代的机遇，见证新的行业和企业的诞生，过去的历史将再一次上演，相信我们将在未来的日子里见证一个又一个奇迹。

不过这一次，舞台上的演员再一次不同了，成了你，成了我。

目录 | Contents

| Part 2 |

抓住数智时代新风口

| Part 1 |

数智洪流席卷世界

Chapter 1

第一章

开在数字化上的
数智之花

新基建时代，数字孪生投资机遇

新基建之"新"

传统基建以政府为主导，只考虑物理空间布局，注重硬件设施建设，科技含量相对较低。

新基建则由企业＋市场＋政府的多元主体共建，统筹考虑行业、产业协同，更注重新一代信息技术和数据的应用，科技含量更高，从规模上来说，使供需双方共同受益，增加了应用场景。

从短期来看，新基建着眼于稳投资、保增长、促就业、惠民生；从长期来看，新基建着眼于支持经济社会数字化转型。

新基建，正在成为引领我国经济高质量发展的必选项。随着科技的不断发展，出现了以5G、人工智能（AI）、工业互联网、物联网等创新技术为基础的新型基础设施。新基建的核心是"数字基建"，在数字化手段赋能传统行业的过程中，"数字孪生"是传统基建向新基建进化的重要依托。

关于数字孪生

1. 建设数字孪生

数字孪生（Digital Twin）是指通过对物理世界的人、物、事件等所有要素数字化，在网络空间再造一个与之对应的"虚拟世界"，形成物理维度上的实体世界和信息维度上的数字世界同生共存、虚实交融的格局。

充分利用物理模型、传感器更新、运行历史等数据，集成多学科、多物理量、多尺度、多概率的仿真过程，在虚拟空间中完成映射，从而反映相对应的实体装备的全生命周期过程——可能用到迄今为止的所有信息技术。

数字孪生世界的基建商为各行业的智慧应用构建统一的数字孪生体（见图 1-1），通过 BIM、GIS、物联网、AI、云计算、大数据、移动互联网、模拟仿真、虚拟现实等技术手段，针对不同领域去建立基于数字化系统的数字孪生平台。

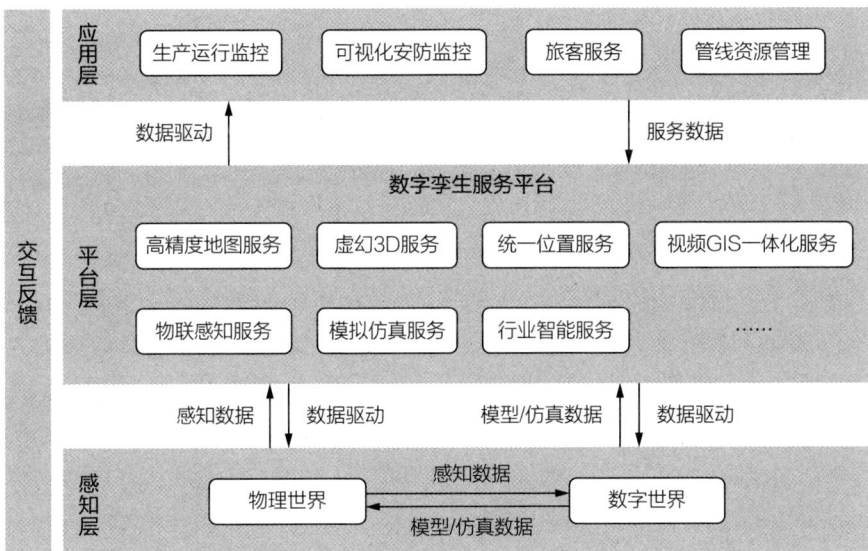

感知层和平台层作为新基建的基础IT设施，将支撑各行业数字化转型和智慧化应用的持续建设与发展

图 1-1 数字孪生体

2. 万物皆可数字孪生，未来是数字孪生的世界

数字孪生是数字化浪潮的必然产物，是技术达到一定程度时的集中爆发。物理世界的万事万物，在数字世界都有孪生体，它们平行发展、相互作用。虚拟服务于现实，使物理世界更高效、更安全、更低成本。当数字世界被全面打通，形成一个独立的系统与物理世界并行时，未来将超出我们的想象。

如何建设数字孪生体

数字孪生体就是利用物理世界的模型，结合传感器的数据及历史的数据等，在数字世界映射出一个与物理世界完全相同的数据模型，实现对物理世界的建模、感知及仿真，去反映真实实体世界的过程。

以北京大兴国际机场为例，数字孪生机场平台在机场建设初期就投入使用，在建设过程中，利用 BIM 模型和物联网技术实现了工地的智慧化施工管理。

在机场运营和维护期间，数字孪生机场平台通过工程图纸、文档、卫星定位、雷达、摄像头、移动终端等智能设备实现对机场的动静态数据的采集，融合处理并汇总到统一的数据平台，为机场各项业务提供系统的数据支撑。

在全真模拟技术的加持下，对机场空域、楼内、地面、地下的各项业务工作状态实现体验式的可视化展示。

数字孪生机场平台的核心理念是建立智能的、沉浸式的、可视化

的、虚实结合的交互式机场平台，把物理机场的运行态势实时映射到可视化的虚拟机场中，以实现机场运行智能化决策、机场全生命周期动态监测与运营管理。

数字孪生技术不仅可以应用在机场领域，还可以对智慧港口、智慧电厂、智慧轨道、智慧园区、智慧城市等领域进行深度赋能。

该技术可实现对当前状态的评估、对过去发生问题的诊断，以及对未来趋势的预测，并给予分析的结果，通过模拟各种可能性提供更全面的决策支持。

通过数字孪生技术可以实现物理世界与数字世界动态呼应、满足物理世界运行需求、指导未来物理世界建设和运行优化，为经济社会高质量发展和人民群众美好生活提供稳固支撑。

更高阶的金融科技——智能金融

我们先来梳理一下中国金融科技发展的脉络。

从 20 世纪 80 年代开始，银行、证券机构、信托机构、保险公司就已经开始了金融的信息化过程。

到 20 世纪 90 年代，互联网技术的引入，使金融行业进入了互联网金融时代。到 2000 年，特别是 2008 年以后，"金融科技"这个名词就作为一个新的分支进入了我们的视野。

近年来，随着 AI 的成熟，互联网从原来的感知智能进入了认知智能的时代，智能金融慢慢被人们所提及。

在 2012 年，互联网行业内形成了一个共识，即我们现在已经开始从感知智能进入认知智能，一些新的创业科技公司把认知智能作为了自己的一个标签。

人们不断地利用成熟的 AI 做一些具体的落地应用，以进行创新。整个过程的信息化阶段、互联网金融阶段及早期的金融科技阶段，都是以技术作为驱动的，以推动金融业的创新发展。

在最近一两年，已经出现了以场景加业务驱动技术，来引发业务的深层次变革。这正是因为 AI 越来越成熟，场景的需求慢慢被强调。其实，每个阶段都有不同的侧重点。

传统意义上的金融，可以简单定义为在不确定环境中进行资源跨级的最优配置，其主体包括银行、保险、证券公司等。

第一阶段，在互联网金融时代，行为主体的关注重点是互联网公司参与的金融交易，金融机构利用互联网来拓展业务边界和提升效率。

第二阶段，在科技金融时代，侧重点是用利用技术来降低成本，并且发展金融的新兴商业模式，如个人征信、银行大数据等。

总体来看，在互联网金融时代及科技金融时代，解决了金融数据的问题。

第三阶段，进入智能金融时代，尤其随着 AI 的不断发展和成熟，催生了金融业务新的发展趋势，我们称之为业务流程的自动化、决策的智能化。AI 跟业务场景结合，衍生出很多技术化的产品，使金融业务出现了以金融技术推动整个业务流程的变革。

可以说，互联网金融与科技金融是两个领域，智能金融是这两个领域重合的一部分。

我们可以将智能金融理解为更高阶的金融科技，它有一个渐进的发展过程。

智能金融是更高阶的金融科技

随着技术不断地发生变革，在 2020—2025 年，智能金融的发展将会更加迅速。

首先，智能金融的一些应用场景是按照金融机构的前台、中台、后台这三大模块设置的。

目前，前台有智能支付、智能客服、智能营销；中台主要是智能风控、智能投研；后台形成智能数据。可以看到，智能金融已经在金融业务的前端、中端、后端整个业务流程中带来了变革。

其次，在后台智能风控上，也已有所变革，例如，利用流程的自动化，把控制点形成为审核的规则。同时，这也带动了整个业务流程效率的提升。这种效率的提升引发了一个变革，即越来越多的业务人员被机器人所取代。

这可能会使人们产生一个隐忧：AI 是不是最终会取代人？

事实上，以 AI 为代表的智能技术，更多的是增强人的效能，提高人的效率，辅助人来做更多更有价值的分析和决策，帮助人从一些数据的重塑工作、冗余工作中解脱出来，把更多的时间花在更有价值的事情上面。

智能金融的出现，是有技术背景的，即从信息技术、感知智能到认知智能。

在金融领域，有个市场痛点：

进入大数据时代，数据量呈指数式增长，特别是每天海量的金融资讯的出现，如公司公告新闻，财报重要的事件舆情，股票、债券等金融产品的产品资料，宏观经济的资讯（GDP、PMI、通货膨胀指数、失业率等），以及国家政府发布出台的政策法规、宏观政策、产业政策、金融监管政策、财政税收政策等。

据统计，这样的资讯每天的产生量都在 40 万条以上。

在如此浩大的资讯规模中，要找到有价值的文章和资讯，对我们来说是一个巨大的挑战。

在传统意义上的市场里，如早期的金融阶段，我们的数据可能更多的是一个财报数据（结构化数据），到大数据时代，更多的数据是以非结构化数据的形式呈现的。

传统的数据不足以支撑整个未来投资风险的分析预测和做一些资管的分析所用。这时候我们就必须要借助外力（AI）对这种非结构化数据进行读取，获得信息。

减负增值，是用智能处理冗余重复的数据工作，使人投入更少的资源来做更多的事情。

这是认知智能在智能金融应用中最大的痛点和刚需，让机器读懂文字，需要运用一系列的 AI 技术，其中包括了自然语言处理（NLP）和知识图谱构建。

人类的语言是非常复杂的，机器要像人一样去理解语言是很难的。但随着技术的不断成熟，目前机器可以在 NLP 技术加持下理解一些简单浅白的句子。知识图谱于 2012 年由谷歌公司提出，近两年热度非常高，其本质是大规模的语义网络。

简单来说，在不同的信源上采集、解析和加工数据，并且通过结果聚合形成一个知识网络。通过这样的网络图形成的知识网络构建的图数据库，和传统的矩阵式的数据库是不同的，我们称之为网数据库或图数据库。

那么，图数据库跟传统的数据库有什么区别？传统的数据库（数据仓库）是按一个设计好的维度来存储和统计的。在这种数据库中的数据是不善于被用作推理和预测的。使用知识图谱来构建网状的知识图数据库，能够帮助我们从更多的维度来观察我们主体本身的动态变化，也就可以把不同的数据维度进行关联，根据不同的指标、属性来构建整个系统。

在目前的应用中，传统的数据库（数据仓库）可以与图数据库融合获得增强或迭代。但在未来，在知识组织层面上，图数据库将是企业进行数据管理的一个重要趋势。

如何构建一个行业知识图谱平台

构建行业知识图谱平台有三个步骤：

第一个步骤是多源异构数据的融合，包括公司机构内部的运营数据，第三方的资讯数据，如万德、彭博及外部机构的采集。

第二个步骤是通过大数据的储存与计算平台，即图数据库、NLP、机器学习构建的大数据支撑平台进行进一步的数据深加工。

第三个步骤是构建整个知识建模，进行知识抽取、知识融合及知识挖掘，从而形成整个行业的知识图谱。

通过构建整个技术框架，实际上我们把一个企业的行业知识图谱平台也构建起来了。

目前，金融知识图谱包括创投（VC）[1]类的数据库、公众公司基本面的数据及行情数据库、公告数据的提取、两年报数据的提取、泛舆情数据等。这些数据能够通过金融支持、知识图谱构建整个专项的知识库。

具体应用到不同的场景，金融知识图谱主要包括了传统数据终端的增强或替代、金融搜索进入问答、公告研发的摘要、个人信贷的反欺诈、信用评级数据准备自动化等。在一些具体的业务场景上面，金融知

---

[1]　创投，创业投资的简称，英文为 Venture Capital，又译为风险投资。

识图谱主要包括自动化报告、自动化新闻、自动化监管预警、自动化审计等。

数据智能的应用

数据智能应用的技术框架，实际上是基于知识图谱、NLP，并应用一些智能数据的处理功能。

传统公司的数据流程主要包括收集、采集数据，知识的整理、分析、研究，形成报告这三个步骤。

传统的业务先通过看新闻、公告、年报，然后通过万达、彭博、财经媒体来做数据的知识整理，接着通过 Excel 来搭建整个模型，最后通过 PPT 和 Word 来做一个报告进行呈现。

利用 AI，或者打造数据智能化的流程，就会形成不同的具体应用。

首先，是智能搜索、智能推送。这部分会运用到一些智能资讯的推送，通过自然语言的查询、语义联想、语义搜索、企业画像和AI来实现。

其次，是数据的智能解析，通过进行大数据的采集、构建智能产业链、分析智能财务模型来实现。

再次，通过关系知识图谱，构建动态的传导关系、构建思维逻辑推理，来实现大数据多维度、多角度的统计分析。

最后，把整个报告的编制实现自动化和可视化。

对这一部分业务的处理非常适用于现在的行业研究，如智能投研。

目前一些大型的研究机构，如基金研究部门，会涉及智能搜索。在一些大型的基金金融机构，每一个研究员都会在不同的平台上采集不同的数据。

通过智能搜索，我们可以构建一个"一站式"的搜索终端来把不同的终端数据进行采集与融合。很多金融机构需要根据监管来做智能监管报送。传统的业务流程通常是通过人工去操作采集的，在不同的报表中采集数据。

整个编制的过程都是由专职的人员来实施的。业务场景是业务员完成每一期报表的编制，提交监管后又开始准备下一期报表。智能监管报送，是帮助金融机构集中管理多监管对象、多报送任务。该功能可直接对接业务系统数据和文本数据，全自动采集报送数据，并自动完成数据转化、报送生成、勾稽校验、一键上报等。

很多数据处理过程采用的是智能表格识别。将传统的确认单、表单及图片文字等，通过具体需求定制识别模板的方式自动地将表单区分成不同的模块，再逐步识别。这样能大大地节省时间。这种智能技术从数据的产生到加工，再到处理，最后到报告形成，可以实现整个流程的自动化，能够帮助人们提升效率。

关于智能报告，从数据采集到最后报告的结果生成，整个环节下来，我们看到利用 NLP 技术，可以把我们需要编制的报告进行构建，分解成解析要素，把内部的和外部的各种信息源，包括资讯公告及一些内部报告，实现通过自动抽取来解析，最后融合成结构化的数据，根据定制化的结果等模板来生成各种金融文本。

目前，大多信息报告都可以通过这种方式来实现。优点是自动提取数据、报告编辑可视化、可以实现自主配置及个性化定制、数据的全程可追溯。一年多以来，AI 公司，特别是金融领域的创新公司，其大部分的创新产品和应用都是围绕这几类产品或应用来展开的。

随着 AI 广为人知，越来越多的金融机构愿意采用这种技术来改进整个业务的流程，提升数据的处理效率。

卫星遥感数据应用新趋势

卫星遥感数据作为金融分析的另类数据在近年开始取得应用落地。在这个领域，我们和美国华尔街的差距不算太大，即便在美国，运用卫星遥感数据做投融资风险分析，也是比较新的领域。

卫星遥感数据应用，是通过卫星图片（可见光相机、红外相机及成像雷达等），使用亚米级别的图片或数据来分析。可以应用到森林、海岸、设施、形变、土地、绿地、道路、水体、农田、环境、建筑等领域，来观测我们分析的资产的变化情况，或者说，是通过活动轨迹来分析出一些投资的风险信号或机会信号。

在实际生活中，卫星遥感数据的具体应用有以下几个案例：

（1）在新冠肺炎疫情期间，利用卫星图片识别的数据制作夜光指数，通过晚上灯光区域的灯光明亮度及密度，来分析区域经济的活跃度。

（2）在獐子岛事件中，监管单位通过北斗卫星复原渔船捕捞的轨迹。

（3）在森林火灾中，可用卫星遥感数据来监测火灾的变化，分析损失情况。

国家是鼓励卫星遥感数据的商业应用的。在"十四五"规划中，涉及了卫星遥感行业的行业发展，该行业会有很大的发展空间。

目前，卫星遥感数据在经济领域上面的应用，包括对区域经济的景气分析、夜光指数分析、对农业种植的分析、对港口交通枢纽及重大项目工程进度的跟进。这些都可以通过卫星图片来做分析。

在国内，已经有公司利用卫星遥感数据做创新应用，大家有兴趣可以关注下有关领域的发展，甚至在日常研究或个人专业发展方面，这个新领域的发展也值得大家进一步研究与了解，因为它很可能是一个新蓝海市场。

行业发展的变化及建议

目前，金融行业的发展有两个变化趋势，我们据此给大家两个建议：

（1）随着金融行业智能化发展，我们在考虑职业发展的时候，可以更多地考虑智能金融领域技术方法方面的发展（如 NLP、知识图谱）。

（2）未来，中国金融市场会发生重大变化，有巨大成长，此时会出现非常大的一个风口。建议大家可以把 AI 和智能金融作为自己专业发展的方向，来拓展自己的发展空间。

"AIoT+5G"引领物联网产业新机遇

机智云现在是全球领先的人工智能物联网（AIoT）开发和云服务平台，主要是聚焦物联网、云计算、大数据和 AI 产业，采用微服务架构，提供 AIoT 产品的全生命周期运营管理系统和服务。将物联网通信技术与产业深度融合，有效催生新产品、新业态、新模式，从而带动产业结构转型升级，全面提升生产效率，形成新的经济增长点。目前，机智云已经服务了全球超过 200 个国家和地区，业务覆盖交通、物流、新能源、工业互联、医疗健康、消费电子等众多行业，在国内多个行业实现了市场覆盖率上的领先。

AIoT 行业的发展趋势

当数据量达到一定程度的时候，就进入下一阶段，即感知阶段。与 AI 算法数据结合就会产生很多的行业应用。

目前，全球物联网应用呈现为三大主线。

第一条主线是需求侧的消费性物联网，即跟我们衣、食、住、用、行密切相关的产品、语音，包括物联网与移动互联网技术的融合，孕育出高清直播、可穿戴设备、智能硬件、智能家居、车联网、健康养老等消费类的应用。这条主线的受众就是 C 端。

第二条主线是供给侧的生产性物联网，即物联网与工业、农业、能源等传统行业深度融合形成的行业物联网，成为行业转型升级所需的基础设施和关键要素。未来 3 年，工业互联网领域的发展将非常迅速。因为既有国家政策上的推动，又有工业设备上云的诉求。

第三条主线是智慧城市物联网，它主要基于物联网的城市立体化信息采集系统形成，正在加快构建，智慧城市成为物联网应用集成创新的综合平台。这条主线主要是由政府主导的，所以，我们可以看到，很多地方都在主打智慧城市、智慧园区。

互联网发展的新机遇

信息基础建设是指基于新一代信息技术演化生成的基础设施，如以 5G、物联网、工业互联网、卫星互联网为代表的通信网络基础设施，以 AI、云计算、区块链等为代表的新技术基础设施，以数据中心、智能计算中心为代表的算力基础设施等。

融合技术设施，就是把前面的信息基础设施深度应用。将信息基础设施建设用于支撑传统的基础设施转型升级，继而形成融合基础设施，如智能交通基础设施、智慧能源基础设施，通过新的技术促进传统产业进行数字化转型。

创新基础设施，主要是指支撑科学研究、技术开发、产品研制的具有公益属性的基础设施，有重大科技基础设施、科教基础设施、产业技术设施、创新技术设施等。互联网、新基建、新一代信息技术都绕不开工业互联网。依托新一代信息技术，工业互联网得到了快速发展。

工业互联网平台是面向制造业数字化、网络化、智能化需求，构建基于云平台的海量数据采集、汇聚、分析服务体系，支撑制造资源泛在连接、弹性供给、高效配置，包括了边缘平台、工业 PasS（平台即服务）应用的三大核心层级。

工业互联网是非常典型的物联网云计算、大数据的行业应用。

5G 的演进脉络

在整个技术发展脉络里可以看到，在连接层，首先连接了人，然后连接了服务，现在连接了产业和万物。数据量、连接量都在快速增长。5G 助推了规模化商用，特别典型的案例是：AIoT 是由中国提出来的，中国物联网连接现在还保持在全球第一的位置，这在一定程度上助推了国内物联网上层应用的发展。

从 5G 建设启动期到 5G 大规模建设期，再到 5G 的应用爆发期，网络技术设施建设带动用户数和应用数据快速增长。在边缘计算市场，市场空间比较广阔，5G 的应用大大提升了边缘计算的快速发展。边缘计算首先是打通通道，打通之后数据量上升，才会有更好的通道，这也为云网边端协同创新提供了前提条件。

就近部署的边缘计算平台，能够更好地利用本地的资源发展本地的服务和应用。边缘计算作为分布式云的一个代表性技术，当下仍处于发展的起步阶段，探索成熟的商业落地模式成为业内的焦点话题。

云边协同是边缘计算的主要特征之一。对投资人而言，在云边协同中，应关注计算资源、安全策略、应用管理和业务管理四个方面，云边协同也为创业者们提供了新的机会。

AIoT 行业方案的落地

（1）AIoT + 消费电子产品——设备智能化，互联互通增加服务模式。消费电子产品主要是 C 端设备的联网，它对于整个家居环境或办公环境来说，需要实现设备的联动，所以会有基础的设备管理平台和业务运营平台，业务运营平台主要是进行业务逻辑的调配，然后去适配各种全屋智能、智慧公寓、酒店、园区等各种各样的场景。其中，可以跟第三方平台进行兼容，如语音平台。语音平台可以跟云平台进行兼容，通过语音控制跨平台、跨品类的产品。AIoT 在这个领域的应用主要是让我们的居家环境越来越舒适。

（2）AIoT + 工业设备——低成本轻量化改造，快速实现动力装备预测性维护。工业设备上云，已在工业领域成为刚性需求。工业设备上云主要是通过数据传输对象（DTO）+ 后台管理。DTO 有很多的联网方式，如 NBIoT、Wi-Fi、4G、5G、有线等。它主要适配了很多 Modbus 的工业协议。

（3）AIoT + 新能源充电桩——智能充电桩分享租赁创新商业模式，助力新基建。新能源充电桩是新基建的一个重要领域，并且新基建要求新能源充电桩一定要跟物联网标配 4G、5G 的联网方式，南网和国网都大力在中国推进新能源充电桩的布局。AIoT + 新能源充电桩也是通过 DTO 的方式控制电量继电器或主控机，然后通过后台的运营管理实现设备的控制，再通过 SaaS（软件即服务）系统给生产商、运营商、用户提供进行生产管理、运营管理和用户消费行为管理的工具。

（4）AIoT + 冷链物流——货物仓储、运输、零售、追溯全流程周期监控管理。冷链物流行业目前呈繁荣态势。现在很多产品基于保质、保温的要求，需要在保温的环境下进行从生产线到消费端、再到终端的联网。在这个过程中可以通过安装简单、便捷的传感器，实现仓储、运输、零售和支付全流程的周期性监控。

（5）AIoT + 电动车 / 锂电池 / 充电管理——升级城市公共安全管理，监管用电安全，分析客流。锂电池的换电服务比较普遍。中国的快递员超过 2000 万人，平均每人每天要换 3 块锂电池。以前，快递员自己购买锂电池进行更换，现在他们通过第三方平台提供的智能换电服务，随时随地享受换电服务，来提升换电的效率，保证可以在安全行驶的情况下及时完成每个订单。在智能换电服务中，可以实现对车辆的定位及电量监控，这是出于中国锂电池管理安全性的考虑。两轮单车的管理是未来公共服务可以延伸的一个方向。

（6）AIoT + 无人自助——赋能无人自助设备运营管理能力、数据决策精准营销。通过物联网技术把控制终端放到机器里，然后连接微信、支付宝、银联、苹果的支付通道，就可以通过手机扫码进行支付，扫码指令发出后，物联网平台就会收到数据；然后使用设备进行一系列的操作，后台会自动结算。目前这个领域的市场机会是非常大的，举例来说，机智云已投放 200 多万台设备，并且每月都在增长。

（7）AIoT + 仪器仪表——高精密度工业检测仪表，服务 800 家石油、化工、热能电厂企业。仪器仪表是工业互联网领域的重点发展方向。通过对仪器仪表的监控可以辐射石油化工厂、热能电厂等高危企业，监控其产品生产和市场环境。

（8）企业 AIoT 云平台（数据中台）。大型公司都有自己的云平台，包括数据中台、智能平台、智能家居平台、互联网运维平台、物联网系统管理平台。

（9）AIoT 商业创新——B2B 供需平台产业互联网。B2B 供需平台产业互联网方面的创新，已成为热点。

（10）AIoT 商业创新——能耗管理。AI 算法要应用于行业领域里的具体产业，依托行业数据平台、存档平台，AI 算法才能够实现商业转化。没有实现应用的 AI 算法，无法实现商业转化。

（11）AIoT 商业创新——云边协同。云边协同是机智云变异形成的最新产品，还没有正式发布。在边缘服务器里面植入中心平台，依托智能算法，可以离线进行本地化的决策。

AI 时代新科技场景下的精准投资

随着互联网的发展，投资也慢慢转向了 AI 方向，以沸点资本为例，其主要的投资领域，是工匠投资，重质不重量，聚焦高确定性项目。

沸点资本的合伙人团队累计投资逾 40 亿元，历史基金回报逾 100 亿元，实现了 4.4 倍的投资回报。这得益于沸点资本通过系统化的行业梳理，流程化的分工协作尽调，精挑细选潜力公司。

未来产业迭代方向

查尔斯·亨利·道于 1884 年 7 月 3 日首创股票市场平均价格指数。该指数诞生时只包含 11 种股票，其中 9 家公司是铁路公司。1897 年，原始的股票指数才衍生出来，一个是工业股票价格指数，由 12 种股票组成；另一个是股票价格指数，包含 20 种成分股。

1928 年，工业股指的股票扩大到 30 种，1929 年又添加了公用事业价格指数，纳斯达克证券市场陆续增加了电子书、软件、通信、互联网指数。每次指数成分变动都意味着资本市场接受了一个新时代，每个时代都开启了一系列新兴产业，每个时代的更替，都需要时间让市场化解泡沫。

1958 年，AC 尼尔森作为第一个轻资产的服务业公司上市，一开始，几乎没有固定资产的行业在由制造业主导的股市里不受欢迎，直到几年后，AC 尼尔森用业绩增长吸引了华尔街的注意，开启了服务业股票最高增长的时代。20 世纪六七十年代，零售业股票随着沃尔玛店铺数量的增加和销售额的翻倍增长而往上涨。

回溯美国更早的历史，南北战争以前的美国和之后的美国是两个完全不同的国度。南北战争以前的美国政府是一个由下而上，由小农庄园主和知识分子构成的，管制相对宽松的政府。那时，州权是远远大于联邦权的。

在南北战争结束以后，联邦慢慢开始增加权力，才逐渐强调国家的概念。美国在这时开始把全世界的科技生产力直接用于经济活动，直接产生了大量的商业财富。

向知识要生产力

在中国，从房地产行业到互联网行业，中国顶尖富豪行业结构的变化，也显示出中国经济增长和经济结构的变化（见表1-1）。

表1-1　2006年与2018年胡润中国富豪排行榜对比

2006年胡润中国富豪排行榜单

排名	姓名	财富（亿元）	行业
1	张茵	270	包装纸及原料
2	黄光裕	200	家电零售
3	朱孟依	165	房地产
4	许荣茂	160	房地产
5	施正荣	155	光伏
6	荣智健	145	综合
7	陈卓林家族	136	房地产
8	钟声坚	110	房地产
9	张力	108	房地产
10	许家印	100	房地产

2018年胡润中国富豪排行榜单

排名	姓名	财富（亿元）	行业
1	马云家族	2700	电子商务、金融科技
2	许家印	2500	房地产、投资
3	马化腾	2400	互联网服务

续表

排名	姓名	财富（亿元）	行业
4	杨惠妍	1500	房地产
5	王健林家族	1400	房地产、文化
6	何享健、何健锋父子	1300	家电制造
7	王卫	1200	快递
7	严昊家族	1200	基础建设
9	李彦宏、马东敏夫妇	1150	搜索引擎
10	雷军	1100	智能硬件、投资
10	王文银家族	1100	有色金属

从科技的角度来讲，中国的发展是由科技进步来推动的。

科技进步体现在两个方面，一方面体现在生产力提升上，另一方面体现在生产效率提高、成本下降上。我们可知的是，未来的机遇在用机器替代人工上，如以工业机器人替代人的体力劳动，以 AI 替代人的脑力劳动。

由此，投资人会聚焦一些由 AI 对传统行业进行革新的领域。

例如，沸点资本在 AI 技术整合领域投资微云人工智能；在机器人服务领域投资云迹科技；在云端智能领域投资高思、爱学习；在 5G 应用领域投资克拉克拉。

零售科技赛道的机会

同时，在数智时代，投资人也关注零售科技领域。

从生活服务的角度来讲，在产能保持不变的情况下，人的工作时间一定是越来越短的，因为随着科技的进步会进一步提升生产效率。

人们有更多的时间去享受生活，产生物质消费和精神消费，物质消费消耗人们的金钱，精神消费消耗人们的时间。

从物质生活和精神生活的角度来讲，人均 GDP 的变化导致人们消费观的变化，各种创业机会将变得非常容易判断。

从精神生活的角度来讲，在 20 年前，每个城市都有几份区域报纸，每份报纸能养 400 人，一个大一点的城市有十几份报纸。

北京人读《北京晚报》，广州人读《羊城晚报》，上海人读《扬子晚报》，但是今天，每个城市的人都在看今日头条。

同样的逻辑适用于电视台和视频网站。今天，年轻人不再看电视，大家都是在腾讯视频、爱奇艺上看视频。

在广播领域，由喜马拉雅等音频 App 占据主流。

广播有两个赚钱的时段，一个是早高峰时段，一个是晚高峰时段，一大部分 30 岁以上的人在这两个时段会使用喜马拉雅等音频 App，因为对 30 岁以上的用户来说，通勤时间可以用来学习或放松，可以去听讲座或郭德纲的相声。

在机器逐步替代人工的大背景下，人们受教育程度越来越高，对物质消费和精神消费需求也越来越高，零售科技赛道必然会有新的机会，值得大家关注。

科技行业趋势及创业融资建议

科技行业趋势及变化概览

科技是经济发展的原动力，尤其是从 PC 时代到移动互联网时代，科技改变了我们的生活和生产方式，同时诞生了很多巨头企业。

1. 追溯历史，十年为一个迭代期

20 世纪 90 年代信息技术兴起，那时，软件企业的代表是微软，硬件企业的代表是英特尔，另外，还有惠普、戴尔这类软硬件结合的企业。

2000 年左右互联网兴起，除了核心技术公司，一些搜索、门户网站及衍生的电商和社交领域的很多优秀企业蓬勃而出。

2010 年左右，移动互联网延续了互联网的二次成长曲线，同时云计算和物联网技术蓬勃兴起，一大波国内外技术企业崛起。

2015 年起，智联网时代拉开序幕，国内，算力层、平台层、算法层的头部企业迅速成长。

2. 未来十年预测

未来十年，很多新的技术创新方向将会有大的颠覆性机会。就目前而言，我们做出如下预测：

（1）新基建、创业板注册制将使创投市场风向转变加快。

（2）长期来看，新冠肺炎疫情并不会显著影响科技投资节奏，对机构的投资热情也没有太大影响。

（3）企业服务领域的合并同类项的交易逐渐增多，并购退出可能会越来越广泛。

（4）新冠肺炎疫情稳定后，后续项目业务进展及机构投资进展将加快。

（5）投资人将更加看重泛科技创业者是否具有更成熟的学术背景和互联网大厂的经历积累。

（6）AI逐渐成为各行业标配，类似于此前的"互联网+"。

（7）在"后疫情时代"，企业将迎来新的发展周期。

（8）由于国外限制的刺激及中芯国际上市等因素，芯片产业将进一步加速发展。

部分热点方向

1. 协同办公

协同办公的代表企业是美国的 Zoom，国内相关赛道有一些对标的企业，提供了各种协同办公的工具。在视频会议领域有小鱼易连等，在企业管理领域有钉钉、企业微信等，在文件协同领域有石墨文档、坚果云等。

新冠肺炎疫情加速了协同办公行业的爆发，部分工具已成为办公标配。在免费试用阶段后，如何高效转化付费客户成为企业主要关注点。伴随5G的普及，协同办公行业有望迎来新的体验与服务，从长期来看，协同办公赛道具有长坡厚雪的特征。

2. AI 商机挖掘

欧美市场已经诞生众多如 ZoomInfo、the Trade Desk、Salesforce 等 AI 营销巨头；国内企业主体数量多达 4500 万家，但 AI 营销市场尚处于早期蓝海时代。

AI 营销从传统的 1.0 线索时代到 2.0 商机时代，客户对于精准触达目标人群的诉求日益增加。

以 B 端、C 端大数据交互融合 +AI 模型能够大幅提高客户的销售效率。

不同行业 Know-How 的横向、纵向拓展可以帮助客户交叉销售，给客户提供更高价值。

3. 云原生

中国云计算已解决应用上云"能用"的问题，云原生将进一步解决"好用"的问题。相对于传统企业而言，一些创新企业没有历史包袱，往往做得可能更贴近市场需求本身。

国外在云原生数据库领域代表公司有 Snowflake，主要客户是公有云。国内场景会有所不同，公有云和私有云将长期处于并存的状态。

4. 机器人

大规模智能仓库是工业机器人的一个应用领域。时代的发展触发一些新的技术场景，AI 视觉技术、芯片算力的提升，让很多原来无法实现的，或者成本居高不下的场景都能实现。机械臂的本体制造相对于国际领先企业而言，仍需要一定的追赶时间，而我国机械臂视觉及 AI 控制系统有望实现全球领先。

此外，服务机器人创业公司往往聚焦于不同场景，目前在餐饮、酒店、医疗、清洁等场景已涌现出一批优秀企业。它们的新型产品有力地提高了行业效率，解放了行业从业者，让人们有更多时间从事更有创造性的工作。

科技项目的融资参考建议

总体来讲，我们一般把融资角度分为两个层面，即企业层面和策略层面。

1. 企业层面

（1）现金流的把握。业内的逻辑一般是公司账面现金金额至少保障企业运转一年以上，若现金金额保障运转不足一年的话就要考虑启动融资。遇到新冠肺炎疫情等突发情况，需要及时地进行调整和应对。

（2）业务上的补足。融资进度做得比较好的企业，一般是业务上比较给力，或者在融资过程中不断释放利好，不断接近预测的目标，目标能实现 80% 以上比较理想。创业者要对自己的业务有比较清晰的认识。

创业企业管理者及股东要对各种形势有比较充分的研判。

（3）融资节奏的把握。常规融资的话，6～9个月的周期是比较常见的。在前期做好充足的准备工作，可以提高效率，缩短周期。

（4）估值方面。我们建议企业管理者以资金需求量为依据来定每轮融资的计划，而估值则是作为一个相对次要的目标。对融资企业来说，投资机构的资源、品牌，合作的董事的帮助和建议都很重要。

2. 策略层面

（1）行业大趋势的讲述。创业者对行业的一些大趋势和确定性的阐述要充分，需要和财务顾问或行业资深人士做推演。

（2）适当结合热点。之前消费互联网、To C场景有些人为制造的热点，科技行业的团队不太容易伴随热点快速转换。总结来看，当前的热点有 AI 商机挖掘、云原生等。基本上每年都有热点，机构投资人针对国内项目会参考国外项目进行对标。建议创业者结合自己企业情况来结合热点。

（3）差异化竞争优势。结合行业和实际情况，尤其是跟业内的友商对标的时候，创业者要强调自己的优势，突出差异化，避免同行相轻，To B 领域往往是多家共荣的状态。

（4）业绩支撑。对于 C 轮以后的项目来说，业绩比较重要。这个时候往往产品已经成型了，有较为头部的客户案例，面临融资的策略转型，对包括财务模型等在内的数据支撑要求比较高。

总体来讲，在目前的创业大环境下，企业的发展是由业务和资本双轮驱动的。创业者应以业务为主、资本为辅，让业务和资本互相促进，从而使企业进入良好的发展轨道。

数字时代的新变革——云原生

1956 年，美国航商麦宁利用一艘第二次世界大战后改装的旧油轮一次性将 58 个公路专用、长达三十五英尺的货柜从纽约港运送到休斯敦港，自此，轰轰烈烈的集装箱革命拉开了序幕。

如今，当装载着集装箱的货船星星点点地散落在大洋各处，当铁轨上的火车装载着堆积如山的集装箱在夜色中轰鸣，我们很难想象，正是这样一个个小小的箱子，奇迹般地实现了货物运输的标准化、自动化和规模化，并且为整个世界的跨国贸易建立了一整套完备的运输体系，成为近代经济全球化的一大动因。

到了 21 世纪，计算机产业发展得如火如荼，人们迫切需要探索出一种新的信息资源运输方式。云原生，就是计算机领域的"集装箱"。只不过，它所运送的不再是实体的货物，而是虚拟的电子信号和数字信号，所有人都期待着它为计算机领域带来新的变革。

根据 Gartner 发布的报告，2020 年有约 50% 的传统老旧应用被以云原生化的方式改造，到 2022 年将有 75% 的全球化企业在生产中使用云原生的容器化应用。为了抓住这一发展大潮，许多投资人都开始布局云原生领域，争做"第一个吃螃蟹"的人，理工科出身，目前专注于前沿科技领域投资的王晓妍（九合创投投资总监）就是其中一位。

什么是云原生

目前，云原生方兴未艾，关于云原生的定义也众说纷纭。

最早提出云原生概念的 Pivotal 将云原生定义为微服务、容器、持续交付和 DevOps 相加后的结合体，后起之秀 CNCF 则将云原生定义为一套指导软件架构设计的思想，这套思想致力于构建低耦合、高容错性的系统。

王晓妍把云原生理解为一个过程：在传统计算机技术中，所有的计算和存储工作都在本地完成，但本地工作的存储空间有限，并且是一个相对封闭的资源池，整个工作效率并不高。云的出现为计算机领域带来了共享的概念，但这只是一个云主机，是不能分割的大整体。如果企业想要使用，只能选择购买整个云主机，需要支付的成本非常高昂。

云原生的出现增加了资源的细腻度，应用起来会更加具有弹性，并且应用的门槛越来越低，大家就像拼接积木一样，非常轻松地把资源拼起来就能完成一个前端的应用。同时云原生可以实时地根据前端的服务请求自动化分配相应的资源，当这个服务完成之后，它又自动化地把资源释放掉，还回到云的虚拟化资源池里，继续去支持其他的应用。

所以，云原生实际上是一个从本地私有化到云上共享的过程，在这个过程中，共享的东西越来越丰富，颗粒度也越来越细，从原本的固体变成液体，慢慢地在不同主体间流动起来。

美国云原生领域的几大独角兽公司，诸如 Confluent、MongoDB 等，目前的估值在 50 亿美元到 200 亿美元之间，云计算服务公司 Snowflake 上市后市值一举突破 330 亿美元，如今已经达到 718 亿美元，这让王晓妍看到了云原生背后的巨大商业潜力。中国传统企业的数字化转型需求及企业客户对基础设施的投入，让王晓妍有足够的信心相信云原生能够在中国这片土壤上成功落地、蓬勃生长。

如何投资云原生

由于云原生一直在发展变化过程中，且概念相对比较抽象，一些非计算机背景的投资人理解的难度相对较高。同时，目前国内的云原生技术相较于国外来说，无论技术的成熟度、在社区中的认可度，还是在商业化进程上，都处于相对初级的阶段，很多投资人对这一技术尚有疑虑。

王晓妍认为，应当理性地看待这种投资的门槛和难度。其实在过去，无论做智能手机还是智能汽车，这样的质疑声和疑虑同样存在。在小米开始造手机的时候，很多人认为一个做应用软件的企业去做手机，硬件的坑会把整个企业拖死。在蔚来、小鹏去造汽车的时候，又有很多人质疑这是 PPT 造车。

不管是造手机还是造车，虽然对稳定性和可靠性的要求都极高，但是随着整个制造业和供应链的成熟，这个门槛是会逐渐降低的。云原生也是如此，只要掌握了核心理念，随着资源、容器和算力的不断扩充与提升，它的应用门槛也会越来越低。

对于在云原生领域的投资，王晓妍有自己独特的投资逻辑。第一个逻辑是追求通用性的技术，技术的通用性是提升效率的有效途径之一，通过标准化的改良与统一，可以实现不同应用之间的技术互换，从而把技术的开发门槛变得足够低，前端的开发人员或业务人员可以非常轻松地上手。第二个逻辑是它的价值要足够大，能够解决开发或架构中遇到的关键性的问题，处于大数据基础设施或云原生开发中的关键环节。第三个逻辑是看其在市场中的机会，是否处在切入市场的窗口期。

AI 新方向

王晓妍不仅仅关注云原生这个细分领域，在 AI 方向上也有相应的布局。

目前，尽管中国的大部分投资人对 AI 充满了热忱，整个领域呈现出一片欣欣向荣的景象，但 AI 背后也存在很多质疑的声音。一方面，很多人担心它像前几年大热的共享经济和虚拟技术一样，在高潮之后就逐渐褪去光环；另一方面，目前市面上出现了一些伪 AI 产品，它的本质可能是早就出现的机器学习或算法推荐，本身并没有深度智能化，但还是被贴上了 AI 的标签。

对于这样的现象，王晓妍似乎并没有表现出过多的担忧。看项目更多的是看它在产业中能够产生的价值，至于它是真 AI 还是假 AI，它究竟是用什么方式去实现的，其实我们并不关心，我们只关心它到底能提升什么效率，到底能产生什么价值，即使它没有应用 AI，没有深度学习，没有无监督学习，但是它解决了某个问题，那么这个技术它就是有价值的。

在选择项目时，王晓妍更倾向于关注一些能落地的东西。她并不会去做因为看中了某项技术而去寻找应用这种"拿着锤子找钉子"的事情，而是要发现市场上尚未被解决的问题，根据问题去寻找智能化的解决方案。

在科技领域，新的技术和概念层出不穷。王晓妍认为，作为科技领域的投资人，每一天都要处在对新事物学习的亢奋中，但也不必为那些层出不穷的新概念感到焦虑。

"每年、每月甚至每天，我们的身边都会出现很多新的概念，它们就像是不计其数的小浪花。但这个世界同样存在着大的洋流，这些大的洋流其实就那么一两个，并且非常确定、不可逆转。我们只需要抓住那些看得到的大洋流的走向，然后保证自己在这个洋流之中就足矣，不必为自己追不追得上那些小浪花而焦虑。"这是王晓妍在一本书中看到的，她认为这同样适用于投资领域。

对于王晓妍来说，目前在科技领域，她关注的"洋流"主要有三条主线：第一条主线是新物种，她会沿着这条主线持续地寻找传统物种转化为智能化、数字化的新物种的可能性。第二条主线是新基础设施，去寻找像云原生一样具有通用性和普适性，并且偏底层架构的基础应用。第三条主线是关注与半导体、传感器和新材料相关的偏硬的新技术。

刚入行的时候，王晓妍特别希望投到能快速增长的项目，但经过几年的沉淀，她对整个企业的生命周期、发展规律有了更深的理解。任何一个企业在发展的过程中，都有一个培育期，不可避免地会经历一些起伏，走一些弯路。在她眼里，投资的本质就是"Make things happen"，相信什么，就去推动，然后让这件事情真的发生，这就是她参与投资的使命。

Chapter 2

第二章

数智医疗与制造业
的危与机

新时代下募资困境的突围之道

"募资太难了。"

这样的论调在当前的资本市场上并不罕见。

2018 年，《资管新规》的落地给加速扩张的资本市场按下了暂停键，原本如火如荼的资本市场瞬间进入寒冬，至今也没有出现回暖的迹象。一方面，《资管新规》对私募股权投资（PE）行业结构化产品进行严格管控，"能提供给行业机构的基础资金减少，资管规模减小"。另一方面，新冠肺炎疫情的反复波动让多数出资人的额度收紧，延时出资、违约出资的现象层出不穷。许多投资人或投资机构都陷入了"钱荒"的困境。

当下，募资难的阴云依旧笼罩着，创投、PE 市场中那些数十倍或百倍回报的投资神话已经成为过去时，但投资人们依旧在积极地寻找走出寒冬的新路径，增量资本投资部副总裁刘岩便是新常态下不断创新的探索者。

在刘岩看来，尽管资本市场面临诸多不确定因素的干扰，但变化的是现象，不变的是规律：创新驱动社会变革的趋势不会变，资本的流动性不会变，政策对于资本市场的支持不会变。只要看清变化的方向，抓住不变的本质，自然能够开辟出新的发展航道。

找项目就是找共情

投资人需要对项目进行整体的把握和评估。一方面需要培养理性思维，注重对商业逻辑和市场走向的研究；另一方面要讲究感性，重视团队、管理及人性。刘岩认为，商业逻辑和市场走向仅能决定一个项目的底线，而好的团队、具有领导力的管理者才能决定一个项目发展的上限。

刘岩非常强调共情的价值，他提到了喜茶这个例子。以前大家可能觉得开一个奶茶店并不需要多高的技术含量，也没有能力对整个行业产生颠覆性的改变。但是当奶茶变成一种社交媒介，人们开始排队"打卡"，在社交平台主动分享，那么奶茶就变成了人们的一种生活方式。他相信很多连锁企业或初创企业，其实一直在追求与消费者生活方式的共情，这其实就是在研究人性。

投资项目同样需要研究人性。企业的管理非常重要，并不是一个好的产品、一个好的市场或一个好的行业就一定能创造出伟大的公司。管理者的管理能力在早期、中期或成熟期的每个阶段产生的作用都不一样，一个团队怎么能够拧成一股绳，大家各司其职，去为这个企业付出自己的能力和贡献，关键就在于管理者的自身素质，他能够决定一个项目的发展与走向。刘岩在逐渐摸索中找到了适合他的投资风格。

他曾经投过浙江的一个企业，这个企业的老板对于电商、线上消费及整个物流管理的方向都把握得非常好，甚至可以说看到了未来。但是这个企业拿到钱之后，并没有对这笔资金做很好的规划。而是很快地在杭州、金华、宁波和温州几个地方同时去启动电商运营项目。这其实对该企业的经营造成了一个很大的影响，因为每个地方的预期包括进展会截然不同，再加上资金成本投入也会很大。在这个过程中，刘岩发现一个人本身的特质，如理性和务实与否，会对整个项目产生很大的影响。

刘岩是一个思维比较灵活的人，当在投资上遇到一些阻力后，他很容易转变自己的思维。"投资人的思维，要通权达变，"有时候偏感性、有时候偏理性，我们都要会做一些结合，甚至是一些转换。因为投资一定是面对市场的变化，包括环境因素、企业内部的因素，它一定是有调整的。否则，趋势一旦判断失误，会度过一个相当艰难的时期。

投资市场逐渐回归理性

刘岩主要专注于 PE，也参与一些早期创投项目，但近几年这一类型的投资前景并不乐观，关于创投、PE 募资难的论调一度甚嚣尘上。

据投中统计数据，受新冠肺炎疫情影响，资本寒冬背景下的创投、PE 募资市场再受重创，2020 年第一季度新成立的基金只有 471 只，同比下降 26%，环比骤降 56%。4～5 月股权投资市场虽然有所复苏，但与 2019 年同期相比仍存在较大差距。2020 年 4 月，创投、PE 数量同比减少 57%，交易规模同比减少 44%。2020 年 5 月，创投、PE 数量与 2019 年同期尚有六成差距。

但刘岩认为创投、PE 数量不断减少的趋势其实遵循了一种健康的发展逻辑。创投、PE 在中国的发展从一开始就是大规模扩张的态势，2015 年、2016 年注册的创投、PE 机构达到两万多家，但从中国的市场体量来看，似乎并不需要这么多的资产管理机构。所以投资数量的减少其实可以看作这个行业优胜劣汰的过程，机构也在逐渐减少非理性投资，市场开始从野蛮生长过渡到精耕细作的阶段。"头部的机构越来越同步化，知名的机构也越来越具备更强的募资能力。你会发现整个行业赛道在朝着良性的方向发展，投资数量其实在回归理性，这是一种理性的回落。"

虽然 2020 年上半年创投、PE 交易情况惨淡，但单笔投资均值却并未降低。投中数据显示，2020 年上半年单笔交易均值已高达 3210 万美元，创近 10 年新高，环比涨幅高达 56%。可以看到，很多机构在项目的评估和遴选上回归了价值本源，更加致力于优投、精投。

在资本寒冬和新冠肺炎疫情的双重冲击下，市场对机构的考验和甄别也更加严苛，优胜劣汰机制发挥着决定性的作用。在这样的竞争态势下，机构想要立于不败之地，刘岩认为主要有三个关键因素：首先业绩要出众，业绩是吸引好项目的试金石。其次需要不断强化机构与其他机构之间的合作和资源整合的能力。最后要探索多元化的投资方式，包括 S 基金、母基金、子基金，或者跟政府合作。

政府项目要聚焦产业链

政府、国企在私募股权基金领域异军突起，他们所成立的基金规模动辄几百、上千亿元，在整个行业内属于航母级别，成为投资人眼中的"香饽饽"。

政府项目同样受到了刘岩的关注。他目前负责增量资本在政府与产业基金方面的合作，并在如是金融研究院负责城市及政府金融、产业引导方面的项目，曾经主导参与山东省某市产业引导基金项目、山东省某国资平台产业赋能投资基金项目、四川省某城投平台公司融资转型项目等产业项目。

谈及政府项目和市场项目之间的差距，刘岩有他自己的感悟。政府项目更多的是追求稳中求进，它的核心诉求是一笔投资或一个项目能够为地方未来的产业经济发展做出强有力的贡献，政府希望一个企业能够在这儿好好地经营和发展下去，能对社会价值、经济价值，包括民生价值做出多维度的贡献。而不是像传统的机构那样，只是陪伴这个企业，赚到一定的溢价。

在推进政府项目方面，增量资本也会引导政府从投资角度出发，促进本地的优质企业和产业相融合，因为对产业投资基金来说更重要的是围绕本地产业发展。增量资本做的不是从 0 到 1，而是从 1 到 10、从 10 到 100 的工作，不断地聚集产业链。

产业链是增量资本布局的一个核心因素。刘岩认为，新冠肺炎疫情暴发之后，国内经济之所以能够迅速地恢复过来，一个很重要的原因就是中国已经打造了强有力的工业体系和产业强链。政府投资或产业型的投资，最重要的就是逐步围绕本身的产业打造出一个相对而言比较稳固的产业链。只要这个产业链足够稳固，未来无论怎么变化或发展，都会带动整个核心产业的聚集，继而实现上下游企业的配合、配套发展。

在这个过程中，一定是由大带小，或者由强带弱的，是整个产业都在逐步发展的一个过程。例如，一家头部的独角兽或巨无霸企业，它其实可以带动整个产业周边上下游配套的很多企业的发展。在这个过程中，也能诞生出一些具有高增长或具有投资价值或具有实现资本化潜力的公司，最终实现整个产业链的良性循环生态的打造。

以芜湖为例。芜湖的汽车零部件产业非常发达，几个大型的汽车公司都在芜湖建厂，这也就吸引了包括百度在内的互联网巨头在芜湖展开了自动驾驶等新技术的投资，刘岩相信，后续芜湖还会诞生许多配套的汽车零部件公司，这其实就是相对完善的产业链所带来的产业聚集效应，这也跟一个城市的发展定位息息相关。

所以，投资不但要看项目和微观层面的东西，更要把握宏观方面，包括国内经济发展的趋势、方向，地域、城市发展的定位，宏观方面把握得更清晰一些，就更容易跟地方政府、跟每个城市找到共鸣。

在刘岩看来，投资的本质就是顺势而为。在投资行业，他并不求做最聪明的投资人，不求一定要站在整个行业赛道中最快速行驶列车的前端。他只需要保证他选择的那辆车是在提速向前的，而非止步不前。买张票坐在什么位置不重要，这辆车一往无前才是最重要的。

对于投资行业的未来，刘岩是一个乐观主义者。他认为未来绝对会诞生一批又一批"80后""90后"甚至"00后"创业者、企业家，这是国内经济环境的土壤造成的，拼多多的黄峥、字节跳动的张一鸣，都是很好的例子。年纪轻轻，又站在了巨人肩膀上，他们未来取得的成就可能比之前的人还要大。"对于年轻人来讲，我们应该感觉到兴奋，未来一定还有更好的机会、更好的环境、更好的奋斗方向。"

医疗爆发期的"掘金"指南

当整个投资行业因为新冠肺炎疫情略显疲态时，医疗健康领域却一路高歌猛进。

《2021 瀚纳仕亚洲薪酬指南》数据显示，2020 年以医药、医疗器械和医疗服务为代表的医疗健康领域作为最热门的投资领域之一，融资总额超过 1500 亿元，独占全年投资领域榜首。其中，生物医药、医疗器械、诊断/工具领域的投资额相较 2019 年增幅更是高达 100%。

快速增长不仅意味着繁荣，也意味着泡沫的产生。众多资本的涌入让项目的估值不断膨胀，对于中小机构而言，过高的估值只能让它们"望洋兴叹"，错失心仪的标的。一些大机构尽管能够抓住机会，但一些项目本身的创新度较低，技术壁垒不高，高估值并不能为机构带来更多的投资溢价。

"当局者明知是局却下不来台，旁观者心中暗笑却盼着登场。"当医疗相关领域巨头蜂拥而至，看似与医疗健康毫不沾边的"门外汉"也纷纷入局，幻想着收获这一领域的累累硕果，最后却发现低垂的果实已被摘尽。

但英诺天使基金（简称英诺）投资总监李英杰并不打算跟他们争抢

低处所剩无几的果实，他的目标在更高处。

医疗健康领域专业化是大势所趋

医疗健康领域之所以会产生泡沫，李英杰认为归根结底还是人的原因。

一方面，优质创业人才的稀缺造成行业可选择的标的数量在减少。医疗健康领域是一个专业化和高壁垒的行业，具备研发技术的人才本就稀缺，愿意并且能够将研发成果转化为商业产品的人才就更是凤毛麟角了，造成了投资人可供选择的标的不多，在市场上资金不变的情况下，大部分的资金肯定会涌向头部项目，造成头部项目的估值水涨船高。

另一方面，非医疗专业和行业背景的投资人大量涌入更加剧了泡沫的涌动。这一部分投资人受限于以往在非医疗领域形成的估值逻辑，依旧使用互联网、模式投资的逻辑，而不是智能制造的方式去评判项目，没有真正理解医疗健康领域的内在投资规律，所以造成了一部分项目的估值失真。

如何在估值失真的情况下保持清醒的头脑？李英杰认为，需要秉承专业化的思维去评估项目。

在李英杰看来，前几年的医疗创业，包括做医疗器械，很多创始人都是医药销售代理背景，大部分的产品都在模仿国外的先进技术，本身在医疗健康领域的专业度并不高，没有自主创新的能力。但他认为，目前已经到了需要用专业度去创业的时间拐点。因为在 20 世纪 90 年代以后，我国开始进行高校扩招，培养了一大批生物医药专业背景的大学生。目前过了二三十年，他们当中很大一批人已经读完博士成为教授，或者成为药企里面的高管和科学家，这一阶段他们正值壮年，又积累了一定的从业经验，创业的成功概率会更大。

创业项目的专业度提高也会反过来提高医疗健康领域投资人的准入门槛。未来，投资项目可能不再像以前一样，只要简单了解一下项目，做一些行业内的专家访谈就能投。投资人还需要沉下心去看看行业内的文献，去跟实验室内的科学家打交道、跟临床专家进行深入访谈。这就要求投资人本身需要在行业内有过专业经验或做过相关的科研实验。医疗健康领域的专业化、垂直化一定是大势所趋，而且会愈演愈烈。

这种专业化的趋势也会让投资人们逐渐趋于理性，让整个行业的项目估值有所回落。"只要保证评判项目的专业性，估值就会控制在 10% 到 20% 这个浮动区间，这样就很难存在泡沫。"

前沿技术领域是关注重点

长期以来，我国的医疗行业都是"以仿为主"。据智研咨询统计数据，2019 年我国 5000 多家药厂中，99% 都是仿制药企业；19 万个药品批文中，95% 都是仿制药。同时，有统计表明，我国医药市场将迎来制药史上专利药品到期最多的时期，世界上将有 150 种以上总价值达 340 多亿美元的专利药品保护期到期，其中不乏像氯雷他定、亚胺培南－西司他丁钠、阿伐依泊汀等一些"重磅炸弹"。仿制药研发成本低、研发周期短、成功率高的优点让众多投资机构趋之若鹜。

尽管目前仿制药在我国医药市场上的份额达到 95%，但低研发成本、短研发周期和高成功率，也意味着更激烈的市场竞争和更狭窄的收益空间。二八定律在医疗行业依旧适用，市场上 80% 的利润依旧被创新药攫取，发展看似凶猛的仿制药只能去捡创新药留下的残羹剩饭。国家颁布的"4+7"带量采购、医保控费等政策也让仿制药即将面临产品销量和价格下滑的压力，一味依靠模仿和改良就能发家的方式似乎在医疗行业不再行得通了。

当医疗行业进入了"创新为土"的新阶段，李英杰和英诺看到了行业拐点的机会，把重点放在了前沿技术领域。

"今年我们重点是投一些前沿的生物技术型的项目，像仿制药、小分子药或成熟型的器械设备这种比较传统的项目，我们可能不会投。"李英杰更看好的是诸如合成生物学、基因治疗、基因编辑、DNA 存储、脑电、脑磁等前沿的生物技术和底层技术。

尽管这些项目可能在 5 年到 10 年内都不会有经济性的效益，但它们能够为整个行业的治疗端和消费端带来颠覆性的改变。要知道，这种项目虽然不能在短期内迅速获得收益，但是一旦落地，就会带来巨大的商业价值。"这些技术可能目前还停留在高校的实验室或刚发表的文章中，但我们愿意去尝试，愿意把它作为一种商业化的技术去转化，然后去赋予这个团队资金、人才和资源。我们更倾向于选择这种高风险，但技术领先性强，技术壁垒也高，而且能代表未来方向的项目。"

技术是否能够代表未来的方向，李英杰主要从三个维度去衡量。首先看这个技术是不是具备先进性。如果一个技术在 10 年前就已经有人研发、有文章报道，这种项目通常会被排除在考虑范围之外。其次看这个技术是不是具有领先性，技术团队的科研水平需要达到世界级的标准，团队中的成员一定要在 *Nature*、*Science*、*Cell* 这种级别的刊物中发表过文章，或者获得过一些世界级的荣誉。最后看技术团队中的人，即团队成员是非常重要的因素，在目前这个时间节点投资前沿生物技术其实是没有可见的产品作为参考的，这就要求团队成员在技术研发上具有高自主性和变通性。

AI+ 医疗健康是未来方向

除了医疗健康，AI 也是目前大热的风口。AI 正在重塑着传统行业，孕育着崭新的 "AI+" 商业模式。"未来市场肯定比现在更大，因为它跟更多的产业、行业去结合，它可能会发展成一个万亿元的市场。"

李英杰很看好 AI 在应用层的发展，他将 AI 看作一项底层技术，试图通过它推动医疗健康领域的转型升级。

AI+ 医疗影像、AI+ 医药研发、AI+IVD 检测诊断，这些都是李英杰目前关注的方向。在这些方向的投资中，他更期待能够形成一个闭环。例如，在投资 AI+ 医疗影像时，并不是只关注医疗影像这一个环节，而是关注集诊断和未来治疗方案推荐于一体的全流程，否则就很难形成一个收入闭环。在微观项目上，他认为一定要形成既有硬性的诊断技术，又有软性的医疗服务的 "软硬结合" 的商业收入闭环。

从宏观上来看，李英杰和英诺也秉持着这种闭环思维，力图在大产业方向形成环状或网状结构。依旧以医疗健康领域为例，除了创新药、

CRO 等基础的医药和医疗服务，他们也会关注与 AI+ 药物发现、AI+ 临床治疗技术的研发和推广相关的项目。在医疗器械领域，他们会选择能够聚焦不同目标科室的设备，将这些设备相互整合，就能满足一个医院内所有与诊断相关的服务需求。李英杰认为这是一个对的方向，这种产业网格化投资最终会产生"1+1>2"的效应。

李英杰非常强调创新的力量。尽管目前我国医疗行业发展得如火如荼，但项目靶点过于集中，药物自主创新能力不足依旧是制约其发展的痼疾。在投资上，一旦海外的某个项目刚刚取得突破，国内的相关领域就迅速成了红海。"我觉得国内的新技术不存在绝对的领先性，只能说存在一个比较好的时间先发优势，所以团队需要具备能不断迭代和创新的能力。"

一味走别人的老路固然能够规避很多风险，但许多高收益的机会也会被人抢先一步。李英杰不愿意做跟在别人身后的人，他要寻找新的道路，并成为这条路上的领先者。未来，李英杰还会持续关注生命科技这一领域的前沿技术。

医疗投资爆红的真相

2020 年，是医疗投资市场的热情被彻底点燃的一年，在掀起资本热潮的同时，国内医疗行业也正面临着全球市场竞争日趋白热化的挑战。

医疗投资正当时

在新冠肺炎疫情的影响下，越来越多的投资人开始关注医疗投资赛道，国内医疗企业融资事件层出不穷，关于医疗行业的融资话题也屡见不鲜。

当下医疗投资可谓正当时，这和国内投资门槛日益提高的趋势、医疗健康领域内生因素变化和宏观人口结构性改变有关。

在国内投资热点变迁上，可以按照时间顺序了解整体的行业投资脉络。1998—2001年是门户网站，2004—2008年是电子商务和社交，2011—2013年是智能手机和移动社交，2014—2016年是直播、文娱和金融科技，2016—2018年是短视频、消费升级、AI、大数据和云服务，2018—2019年是AIoT和社交电商，2019年至今是生物医药和半导体。

从整体趋势上看，创业的门槛越来越高、对创业者的专业化水平要求也日益提高。这如同到果园摘苹果，显而易见的、容易摘到的苹果肯定会在第一时间被抢夺，相对应地，隐藏较深、难以触及的苹果，往往较少有人注意。

因此，可以看到早期投资机构会一窝蜂似的关注互联网等热点领域，较少涉猎半导体、医疗健康等领域。但当互联网领域的苹果被摘完，资本的目光只能被倒逼去关注医疗健康等门槛更高的领域。

表现在数据上便是融资总额的大幅度增加和融资交易数量的减少。据数据统计，在2020年，中国医疗健康领域投融资总额达到创下历史新高的1626.5亿元，同比增长58%；但融资交易仅767起，同比下滑6%。

即便投资市场受到新冠肺炎疫情影响导致短期资金收紧，但在 2020 年下半年涌入医疗健康领域的资金出现超强反弹，470 起融资事件筹集资金超过 1000 亿元，使 2020 年全年融资总额飙升至历史首位。

同时，医疗健康领域持续的人才红利、政府政策红利也进一步助推了医疗健康领域的投融资活动。

在人才供给端，生物医药领域创始人往往需要博士学历的背景和至少 10 ~ 20 年的工作经验，这是一个长周期的培养过程。

从 1999 年大学扩招至今，正好经历了 20 多年的时间，这批学生如今年至四十，正处于工作的黄金时段，因此在生物医药领域将会迎来一波又一波创业项目。

同时，我国目前拥有世界上最大规模的高学历人才，加之人力成本较低，人才成为中国医药研发得天独厚的优势。

在政策红利上，国内政策大方向转向鼓励医药创新，放宽了医药企业上市时的盈利能力要求，推出了科创板板块，为医疗健康领域的投资项目提供了相应的退出机制，稳定了投资机构的信心。

根据生辉的数据，2018 年医疗健康领域 IPO 企业仅为 20 家，2019 年和 2020 年这一数字分别变成了 38 家和 63 家，为投资机构的退出提供了渠道保障。

宏观人口结构性转变则为医疗健康领域的投资提供了广阔的市场。在宏观人口结构上，国内老龄化问题日益严重，很多慢性疾病、肿瘤、心血管疾病、免疫性疾病成为日益突出的问题。

14 亿的人口基数和经济发展水平的提升使医疗健康领域的发展需求日益迫切。

数据显示，2015 年医疗服务支出为 3.25 万亿元，2020 年预计达到 7.75 万亿元，保持 18% 的复合增长；目前，中国医疗占 GDP 比例远低于发达国家，伴随着 GDP 的增长，中国医疗服务支出将会持续保持高速增长，医疗企业将会享受市场红利。

投资潜力赛道分析

医疗健康领域投资市场本身属于巨大的市场，于投资人而言选择哪一条赛道不尽相同。举例来说，目前阶段，英诺主要关注医疗器械、合成生物等潜力赛道。

在医疗器械赛道中，从增速上看，全球医疗器械市场增速保持在 3% ~ 5%，而中国医疗器械增速高达 15% ~ 20%，远超世界同期水平，因此国内医疗器械市场依然处于蓝海阶段，消费潜力一直在释放。

从供给上看，我国所需医疗器械中的高端产品依然被国外厂商把持，市场占比达 75%，全球排名前 20 的公司中没有一家中国企业。有着消费的需求和越来越多的人才创业，相信在 IVD、心脑血管、影像、骨科、眼科等领域必定会有中国高端医疗器械公司诞生。

与此同时，在政策的风向下，政府对于医疗器械行业的关注也日益提升。结合目前的政策，英诺判断未来医疗器械市场将会迎来四大趋势：

第一，带量采购蔓延至器械市场，低价将是未来方向，这本身也是还原医疗器械为人服务的本质。

第二，药监部门对于医疗器械上市后的监管力度逐渐加强，医疗器械属于植入物，会长期存在于人的身体中，因此，政府监管力度会逐渐加强。

第三，国家鼓励国产化设备应用，重点关注国产化占比较弱的应用领域。

第四，以临床需求为导向，结合临床病患痛点，探寻应用场景。因为医疗器械的实际应用人是病人，需要医生去主导推进，决策权在医生手中，因此不能仅仅站在投资人的角度考虑问题，要时刻关注临床医生的看法。

手术机器人赛道同样值得关注。医疗健康发展的一个重要的内生驱动力是关注人对健康和美好医疗品质的追求。所谓美好医疗品质，其表现方式之一便是手术方式的进步。

20世纪七八十年代并没有微创手术，手术基本上都需要大开腹，也就是今天的大手术。但是随着微创技术的产生，只需要在人体开小洞，通过腹腔镜完成手术即可。

手术机器人的发展也遵循着这样的逻辑。具体而言，手术机器人可以细分为单孔手术机器人、便携小型手术机器人和纳米机器人。

单孔手术机器人可以减少手术创伤和术中出血量，减少病人的住院时间和术后恢复时间；简化术前准备流程；不会产生术中各机械臂的碰撞干涉，手术安全性更高。便携小型手术机器人对于疑难、空间小的手术有着独特优势，可以在未来应用于眼科、耳鼻喉科等科室。纳米机器人可以用于治疗动脉硬化、疏通血管、清除动脉内脂肪沉积、精确杀死癌细胞、去除寄生虫、治疗痛风、肾脏排石和清理伤口。

目前，据国际机器人联合会（IFR）统计，2018 年全球医疗机器人市场规模为 136 亿美元，2021 年预计达到 207 亿美元。我国的智能医疗机器人市场规模在 2019 年已达到 43.2 亿元，其中，康复机器人、手术机器人、辅助机器人和医疗服务机器人占比分别为 47%、17%、23% 和 13%，预计到 2025 年将突破百亿元。

勿以市场小而不投

在对具体项目的判断上，英诺很注重发掘具有平台化潜质的公司。医疗器械细分领域众多，但极易触碰天花板，多数细分市场规模在几十亿元，因此平台化发展将成为主流。

近几年，器械商的关键词是"软硬结合"，器械商要通过平台化的形式来提供服务，满足用户的软性需求，如临床培训、科研会是未来器械商发展的重点方向。目前 GE、飞利浦、西门子等行业巨头都在走平台化的方向。例如，GE 医疗的 Edison 平台可以实现与现有 AI 合作伙伴相关产品的无缝整合。

放眼到国内，医疗器械并购案例大幅增加，从同类产品并购、产业链并购到平台化收购，行业整合大潮已经到来，可以预见，新的龙头企业将在未来不断产生。同时，投资人在市场选择上，勿以市场小而不投，勿以市场大而投资。看市场不能只看当下的情况，要着眼于未来，因为市场可以通过技术的进步、产品性能的提升而改变。

　　某些领域在当下看只有 10 亿元的市场规模，但如果能够预测和估计未来患病人群的趋势，在技术进步的背景下，市场达到 50 亿元的门槛并非毫无可能，50 亿元的市场规模足够支撑 2 ~ 3 家上市公司。

　　如中国人工晶状体市场。在早年间这片市场太过细分，一直没有被投资人重视，2019 年，中国人工晶状体市场规模为 26 亿元左右，当时预测到 2025 年市场规模也才能达到 46 亿元。

　　但如果想在这个阶段进军该市场，早已失去了先手的机会。行业的领军企业爱博诺德成立于 2010 年，2019 年收入 1.95 亿元，其中，人工晶状体收入占比为 91.84%、角膜塑形镜占比为 3.65%，目前企业市值已经达到 220 亿元。

　　同时，如果在当下看来某些细分领域市场容量大，也并不一定适合投资。因为大的市场往往竞争激烈，投资人难以有很好的退出路径，因此越火热的赛道投入时越要小心。

TMT 红海与医疗蓝海

　　从红杉资本传奇人物 Michael Moritz 爵士，到中国创投教父级人物熊晓鸽，再到经纬中国合伙人王华东、牛立雄，云峰基金合伙人李娜，嘉程资本创始合伙人李黎，山行资本创始合伙人徐诗。从媒体到投资，似乎是投资行业的标准路径。

2014年，对于传统媒体而言是沉重的一年，曾经在公共舆论中叱咤风云的媒体人纷纷出走。前有新浪网的总编辑陈彤离开新浪任职小米副总裁，后有《南方周末》副总编辑伍小峰跳槽到万达担任品牌中心总经理。同时，还成就了徐达内、黎瑞刚等刚入行的创业者和张泉灵、任泉等新进投资人。当传统媒体迅速萧条时，媒体人的力量开始得到多样化的释放。

这一年，已经参与创办虎嗅网并担任创业黑马主编的吴澍选择从媒体行业走入投资行业——担任乐视控股的投融资总监，分管乐视电视和云计算业务，他笑谈虽然乐视整体情况众所周知，但还是可以自豪地说："我分管的板块至今还活着。"此后，他一直扎根在投资行业，并在2018年成为取势资本的创始合伙人。

相较于做媒体，吴澍认为做投资看到的东西更早，经历的产业周期会更长。媒体更多的是从理论层面报道企业整体的商业逻辑，而大企业和小企业的商业逻辑在落地层面其实区别很大。大企业在它的领土上不断扩张，建立护城河，再开辟新的道路。小企业无论在蓝海，还是红海，都需要从0到1去建立壁垒，但建立这种壁垒没有前人指导、没有现成的经验，只能在一片黑暗中慢慢摸索。

诚然，这种具有不确定性的摸索是痛苦的，但这种痛苦同时也让吴澍感到兴奋。从2014年开始投资至今，吴澍参与投资了云丁科技、海杰亚、鲸准、邦德教育等多个目前估值过10亿元的项目。这种不断在未来验证过去决策正确性的方式，让吴澍感受到了投资的魅力。

三个因素精准定位细分赛道

吴澍坦言："在选择项目时我主要看重三个因素，首先是创始人的能力。创始人其实就是一个企业的天花板，创始人的自我迭代能力决定了公司的高度。其次是行业和国家 GDP 的关联度，在所有的行业中，最好行业的 GDP 增速一定是大于国家的 GDP 增速的，而这个行业中最好的企业的 GDP 增速，又一定是大于这个行业的 GDP 增速的。通过 GDP 这个指标，我们可以非常快速地定位到需要重点关注的赛道。最后是这个赛道它到底有多长、多宽，我觉得这当然是一个必然条件，如果这个赛道不够长，那它能承受的东西也比较少，可施展的空间也比较小。"

综合这三方面的考量，随着 TMT（Technology，Media，Telecom）赛道的寡头凸显，新赛道成了投资人的必然选择，吴澍选择了深耕医疗健康领域。

医学教育网数据显示，2019 年，我国 GDP 将近 100 万亿元，医疗卫生总费用约占我国 GDP 的 6.47%。过去几年，医疗卫生行业的 GDP 增速是全国 GDP 增速的两倍，并且仍然处于高速增长的阶段。按照 GDP 增速及医疗卫生总费用在 GDP 中的占比计算，预计到 2025 年我国医疗卫生行业总费用将会达到 8.36 万亿元。

从赛道的波段来看，生老病死是每个人都绕不开的话题，而这每一个阶段都需要医疗健康的参与，它能够施展的空间非常大。在医疗设备上，影像设备、康复器械、医疗机器人、放射治疗设备、透析治疗设备等都能形成一个独特的投资方向。在医药制造上，化学原料药、化学制药、生物制品、中药等目前都广受关注。中国幅员辽阔，不同的地域有不同的特征。例如，北京的协和、上海的瑞金、四川的华西，每一个派系对医疗都有自己的理解，医疗并未完全标准化，所以其中有很大的挖掘空间。

创始人这个因素，在吴澍看来是一个项目成功的决定性因素。尽管很多投资人比较看重技术的创新性和颠覆性，目前所有的医疗技术看上去都有很高的壁垒，但放到历史的角度来讲，从来没有一项技术的独占性能超过3~5年。"在医疗健康领域，你造出来了、你卖出去了，以及你能创造营收完全是三回事。中国、甚至全球有一大批的医疗企业，已经拿到了一类证、二类证和三类证，但是卖不出去，这东西根本就没有办法用。"吴澍认为，能够让医疗技术迅速商业化落地、把技术转化成营收的，就是创始人。

在选择创始人时，吴澍更看中这个人的格局。抓大放小是吴澍很欣赏的一个品质，他更希望创始人能够迅速地推进一些有效的事情，而不是把时间放在没必要的细枝末节上。同时，他还希望创始人能够根据沟通的结果迅速给出反馈和迭代，这样能够快速达到共赢的效果。

消费领域的投资出手要谨慎

除了医疗健康领域，吴澍还关注着消费领域。

消费领域赛道虽然看上去很简单，但实际执行起来非常难。"现在打造一个新消费品牌太容易了，我们只需要花个几十万元，在抖音上开开直播、在小红书上种种草，不需要特别高的成本，就可以打造出一个所谓的新消费品牌。"但事实上，这种品牌只是自娱自乐，并没有真正地到达 C 端。因为打造的门槛低，市场上会持续地、成体系地产出新消费品牌，这之中只有少量的品牌能够存活下来。

"像可口可乐、星巴克这种几十年、甚至上百年的公司，它们之所以能够延续这么久，是因为有自己的特性，我们也一直在摸索这个特性。通过不同的机构我们看到了不同的打法，但是我们还是会稍微谨慎地出手。"

新消费是目前消费领域投资的一个热门概念，这里的"新"究竟代表了什么，投资人们的理解不尽相同。在吴澍看来，新消费的"新"主要体现在三个方面：

第一个方面是渠道的"新"。移动互联网的发展拉近了消费者与渠道的距离。从淘宝、京东到快手、抖音，用户可以更直观地在互动场景下来解决消费问题。传统的货架电子商务已经被内容电子商务割裂，多家互联网平台开始尝试以内容为核心，打通线上、线下渠道的壁垒，自建电商闭环生态。

第二个方面是品牌的"新"。不管是"70 后""80 后"，还是"00后"甚至"10 后"，不同的群体有不同的消费偏好，每个时代的人都希望有一些符合自己时代调性的、有意思的产品。例如，在老年群体中，"不舍得为自己花钱""购买力不足"正渐渐成为老年人消费的过去时，在消费升级的背景下，老年人也开始青睐社交化、智能化的产品，这样的转变也造就了花样百姓、锦视这样的新消费品牌。

第三个方面是企业文化跟消费者同理心的"新"。以前，对于一个产品，消费者采取的只是简单的购买动作，更多的是满足自己的使用需求。但今天，很多企业开始寻找与消费者心理上的共鸣，力求将自己的企业文化与消费者的价值观相契合。

不管在医疗健康领域还是在消费领域，吴澍力求为所投项目提供一个大企业视野。之前在乐视的从业经历，让吴澍在一个非常高的平台上看到了大企业是如何解决一系列的问题、应对什么样的危机、沟通什么样的资源的，而这种视野往往是早期创业公司最为欠缺的特质。对于被投企业，吴澍愿意做一种这样的经验输出。

做媒体和做投资，看似截然不同的职业路径，背后却有着共同的逻辑将其串联起来。媒体人需要不断发掘社会中的亮点和线索，并且能够迅速学习和吸收各行各业的前沿知识，才能与采访对象侃侃而谈。投资人也一样，投资人是需要提前看到未来的人，这就要求他们从现有的产业发展中找到最具爆发力的赛道，并且迅速了解目标赛道的商业逻辑和专业知识，以便和创始人不断磨合推进。显然，吴澍很好地适应了这种转型。

中国"智"造如何逆风翻盘

在做投资之前，苟永海一直在证券公司工作，负责定增、转债等二级市场的事务。

但仅仅停留在报表和客户挖掘层面的工作让苟永海并不满足，他更希望能够探索企业背后的品质和规律。在 2018 年初，苟永海加入梅花系下一个从事成长期平台的股权投资机构——新梅资产。新梅资产由梅花创投创始人吴世春先生和中国基金金鼎奖获得者袁世平博士联合成立，专注于 A 轮及以后股权投资项目，分布在消费升级、智能制造、移动出海、新内容、大数据等主要领域。

在苟永海看来，一家创业公司要想在创业初期就做到全面占有是不可能的。公司的产品成熟度、技术团队搭建的合理性及资金实力等各个方面都不足以支撑一个创业团队在初期就实现大而全的布局。所以在选择项目的时候，他会尽量避开人潮汹涌的地方，正如王安石所言，"非常之观，常在于险远，而人之所罕至焉，故非有志者不能至也。"在偏僻的细分赛道上扎根，才更利于企业快速构筑自己的护城河。

苟永海选择的少有人走的道路，就是智能制造。

机器人投资要另辟蹊径

苟永海投的第一个项目是若贝特智能机器人，这是由清华大学和哈尔滨工程大学的硕博团队研发的一种并联机器人。

在当时，由于串联机器人有较长的发展历程，理论技术也比较成熟，并且结构简单、成本更低、更容易控制、运动空间更大，所以一般的创业团队都更倾向于选择做串联机器人。与串联机器人相比，并联机器人承载能力更强，精度更高，在高速运转的场合比串联机器人更具备优势。苟永海认为，在国内鲜少有人涉足并联机器人时，若贝特智能机器人在技术上具有开拓性的意义。

但这个项目的投资过程并非一帆风顺，这期间公司其实遇到了很大的困难。

智能制造企业的付款方式与消费类企业不同，它通常存在"三三""三一"这样的付款周期，所以对现金流的要求非常高。但早期的创业公司把大部分的资本都放在了研发上，再让它拿出资金去做现金流的垫资或存货，相对来说压力是非常大的。同时新冠肺炎疫情的暴发更是使其境况雪上加霜，公司下游的企业客户在大半年的时间内都没有开工，直接影响了公司正常业务的开展。

但苟永海依然选择陪伴着这个企业，他看重的是其对细分赛道选择的精准性。以往的并联机器人更多的是运用在食品、医药等轻量、精准、速度要求比较高的行业中，因为这些行业所需要的技术难度相对较低，并且已经发展得比较成熟。但这个团队另辟蹊径，选择了3C行业比较发达的华南地区，精准切入PCB这一领域。目前PCB行业仍旧是劳动密集型企业，大量的自动化设备需要人工操作，但华南地区劳动力数量逐渐短缺和成本的不断上升给PCB厂商带来了不小的压力，这让工业机器人得以大展拳脚。

据中商情报网数据，预计到2025年，中国PCB产业市场整体规模将达到420亿美元。与此同时，我国PCB制造企业的生产设备也需要随之进行更新换代，工业机器人是解决劳动力短缺的可行之策。出于对细分赛道的考虑，苟永海一直看好这个企业。

团队的创业精神也让苟永海非常赞赏和感动。"中国的制造业主要集中在深圳和苏州两个地方，团队中大多数成员的家庭其实都在北京，但是为了更接近市场、更接近上下游产业链，整个团队都远离了自己的家庭，搬到了深圳。"在他看来，有这样创业精神的企业很难不成功。

这个项目也并没有辜负苟永海的长期陪伴，自 2018 年获得新梅资产的投资后，若贝特的订单量达到 3000 万元左右，目前已经与 3C 领域多家上市企业达成合作。2021 年 2 月，若贝特再次获得数千万元的 A+轮融资，继续扩充团队、开拓市场。

中国机器人行业如何逆风翻盘

机器人行业主要分为工业机器人和服务机器人两种品类。分类不同，其背后的投资逻辑自然不同。工业机器人面向的主要是企业，更强调的是在规划好的环境中完成特定的任务，对精度、耐久度和可重复性方面的要求更高。服务机器人主要服务人，如我们常见的送餐机器人、扫地机器人或家里的早教机器人。这类机器人更强调的是应用场景、可复制性和安全性。

苟永海目前更看好的是工业机器人领域。一方面，近 5 年，我国传统的劳动密集型行业纷纷转型，用机器人替代劳动力成为大势所趋，其潜在的市场空间十分巨大。另一方面，由于这几年国家政策的支持，很多创业者开始进入智能制造领域，涌现出了一批优秀的创业公司，相应地，工业机器人会有相当大的市场需求。

国际机器人联合会（IFR）发布的报告《全球机器人 2019》预计，从 2020 年到 2022 年，全球工业机器人的年增长率可以保持在 12% 左右。前五大工业机器人市场占全球装机量的 74%，分别为中国、日本、美国、韩国和德国。中国仍然是世界上最大的工业机器人市场，占全球市场装机量的 36%。

苟永海非常看好目前中国机器人领域的发展趋势，尽管资本的投入会让行业出现鱼目混珠、滥竽充数的现象，但他认为最终行业一定会趋于冷静和理性。在大的方向上，他认为中国的机器人赛道还是属于百花齐放、蓬勃朝气的阶段，会走出一条与国外上市家族不一样的道路。

瑞士的 ABB、德国的库卡、日本的发那科和安川电机是工业机器人绕不开的四大家族，在中国占据了机器人产业 70% 以上的市场份额。在苟永海看来，世代家族更多的是在机器的本体上具有独特优势，在控制器、传感器、核心部件等已经发展了上百年的核心技术上，仅仅发展了十几年的中国企业在短期内是难以超越的。

但是放到更加微观的细分赛道里，中国的机器人制造企业在贴近市场和贴近用户层面的优势就显现出来了。中国企业更善于在探索中不断创造出新的需求，拓宽机器人的应用场景，例如，目前已经在新疆广泛应用的采棉机器人、汽车领域的组装机器人，以及快递业使用的智能分拣机器人，都实现了标准化应用。苟永海认为，这就是中国企业应该走的特色化道路。

金融男如何做技术投资

其实在做硬科技投资之前，苟永海对自己也存在怀疑，他觉得自己是做金融的，突然要去和这些技术团队打交道，应该怎么做呢?

　　带着这样的疑虑与担忧，苟永海在三年的投资过程中逐渐摸索出了自己的一套方法。

　　作为一个投资人，要对有限合伙人（LP）的每一分钱负责。所以苟永海认为在进行投资时，最重要的是实行名单制，对于看不懂的、超出能力范围的行业坚决不投。这两年出现了很多非常热门的赛道，如芯片行业和生物医疗行业，很多一线的投资机构也都大量参与进来。但苟永海认为，以目前团队成员的背景、自身的知识储备来看，加之受限于这些领域的高技术比例和长周期投入，他们目前还没有准备在这些领域出手。

　　在智能制造和大数据方面，苟永海不仅会跟项目的创始团队进行深度沟通，了解技术的具体应用场景、研发情况、市场推广和商业模式，还会与项目方的重点客户进行交流，因为智能制造行业和大数据行业的下游客户大部分都是企业客户，他们对项目的可落地性和市场化前景有更清晰的认识。

　　在判断技术的创新性和颠覆性上，苟永海会进行一个横向和纵向的比较。在他看来，投资人需要将项目放在一个大的行业背景中进行横向比较，这个项目的核心竞争力在什么地方？它有没有过硬的技术能迅速地成长为这个细分行业的明星企业？它是否存在可持续的竞争优势？

　　纵向就需要从项目的整个发展脉络去衡量，从创业初期到产品成型，以及后期的市场推广和技术迭代的整个过程中，去推演公司本身的技术能否不断超越自己、不断迭代，最终成为一个伟大的公司，而不是永远做一个技术的守成者。

苟永海提到，一级市场的股权投资需要耐得住寂寞。他提到梅花创投创始人吴世春的一句话，"如果我们只能单纯地给这个创业者提供钱，这不是投资，这对我们来说是一种耻辱"，苟永海也一直遵循着这句话，力求为企业带来长期陪伴。

一个成功的投资人从不轻易地按下按钮，一旦出手，就要为创业者和创业项目提供包括资金在内的所有支持，如业务对接、战略交流、人才推荐等一系列的资源整合。无论企业处于顺境还是逆境，投资人都要陪着它们走下去。投资人要做的不仅仅是锦上添花，更重要的是能够雪中送炭。

工业视觉正当时

1956 年，时任达特茅斯大学数学助教的麦卡锡联合诸多名校教授，在美国召开了一场为期两个月的学术研讨会。在会上，"AI"这一术语正式诞生，成为科学史上的一门新兴学科。

在此后的三四十年里，AI 在质疑声中几经沉浮。20 世纪 60 年代，尽管逻辑程序设计语言 Prolog 和用于诊断与治疗感染性疾病的专家系统 MYCIN 相继问世。但机器翻译、神经网络的研究因准确性不高、通用性不强一度陷入停滞。

在 AI 难以实现的质疑声里，专家学者们在过去的失败和教训中提出了知识工程、专家网络的概念，将知识作为智能化的前提。随后，知识驱动智能的新时代到来，确定性理论、证据理论与博弈理论等成为 AI 发展的根基。1991 年，在 IBM 公司研制的"深思"计算机系统与澳大利亚象棋冠军约翰森举行的一场人机对抗赛中，结果以 1∶1 平局遗憾告终。

到了今天，当谷歌开发的 AlphaGo 成为第一个击败人类职业围棋选手、第一个战胜围棋世界冠军的 AI 机器人后，人们对 AI 重振信心，并希望 AI 能够成为继蒸汽机、电力和互联网之后的又一经济加速器。

对最先看到未来的这批投资人而言，AI 必然是近几年内不可错过的机会。据艾瑞数据统计，2015 年至 2021 年第一季度，中国 AI 基础层融资事件共计 208 起。这其中，也少不了晨晖资本投资总监徐明鹏的身影。

AI+ 传统产业助推产业转型

尽管目前 AI 正火热，但行业内并没有特别具有颠覆性和创新性的产品，很多没有应用这项技术的公司也争先恐后地给自己打上了 AI 标签。这让很多人开始质疑，目前市面上的 AI 产品只是包装出来的概念。

徐明鹏并没有把 AI 当成一个行业，而是把它理解成一门底层应用技术，它主要是和其他的传统行业相结合，达到"1+1>2"的效果。但这种结合并不会带来彻头彻尾或翻天覆地的变化，需要经历一个相对缓慢的周期。

传统行业本身经过这么多年的发展，已经形成了一套成熟的逻辑和工作模式，所以 AI 更多的是在传统行业的原有基础上进行优化和迭代，而不是颠覆它已有的逻辑。"我们可以看到，目前新技术或新应用在落地的时候，还是会采用项目服务或软件集成的方式，所以 AI 对传统产业的改造是循序渐进的，不会出现短期爆发式增长这样的状态。"

对于行业里出现的质疑声，徐明鹏认为是人们对新技术的出现给予了过高的关注和期望，所以这几年 AI 领域的项目估值很高，但在实际落地的过程中，它其实并不能达到预期的高溢价，从而使人们产生了心理落差。

尽管前期资本过热和实际应用相对缓慢，但徐明鹏依旧看好这一领域。"我们在现阶段还是会关注 AI，它在交通领域和工业领域的应用产生了很多实际的价值，场景应用跟需求是对应的，商业模式也是很有效率的。"

瞄准细分赛道，看好工业视觉检测

1964 年，著名传播学者麦克卢汉在《理解媒介：论人的延伸》一书中提出"媒介即人的延伸"这一著名论断。他认为，媒介是人的感觉能力的延伸或扩展，文字和印刷媒介是人的视觉能力的延伸，广播是人的听觉能力的延伸，电视则是人的视觉、听觉和触觉能力的综合延伸。

将这一理论延伸到 AI 领域，我们可以把机器人看作人体四肢的延伸，将大数据存储看作人的记忆的延伸，将工业视觉检测看作人的视觉的延伸。工业视觉检测，是目前工厂检测必不可少的环节，也是徐明鹏认为未来最具潜力的技术。

从宏观角度出发，国内劳动力成本的水涨船高让企业的利润越来越薄。例如，2021年的大宗商品和原材料一直在涨价，再加上劳动力成本又提升，使企业的利润空间被压缩。同时招工难的问题在这个行业里也越发突出。在检测类生产线或制造工厂里，工人的流动性非常大，在春节前后经常会发生招不到人的情况，这无疑会影响整个工厂的生产进度。

相对于人类视觉易疲劳、精度低、专注时间短的缺陷，机器视觉在观测速度、检测精度、工作长度等方面都存在显著优势。它利用镜头、光源控制系统来采集目标物体数据，借助视觉检测系统、数据库和算法对图形进行自动分析和处理，软硬系统相辅相成，推动应用领域向多个维度延伸。

从工业视觉检测的上下游产业链来看，目前上游的奥普特，下游的天准科技和矩子科技都实现了30%的增长，徐明鹏认为这是市场上的普遍增长。工业视觉检测的应用场景非常广泛，主要是识别、定位、测量和缺陷检测四个方向。这四个方向适用于各行各业，如汽车领域的零部件和安装精度检测、制药领域和消费领域的包装、剂量与印刷检测都需要工业视觉检测这项技术的支持。随着2D视觉向3D视觉迈进，机械臂引导、AGV导航等新的应用方向也值得期待。

据《中国机器视觉行业全景图谱》，目前进入中国的国际机器视觉品牌已有200多家，中国本土的机器视觉品牌有100多家，各类产品代理商超过300家，系统集成商也超过100家。从数据可以看出，目前国内的工业视觉检测企业仍旧以代理商为主，在上游领域的布局上和技术研发上发力较弱，扶持一些比较有潜力的自主研发企业对于投资人来说是一大机会。

看重公司成长潜力，三个维度全面评估

对于这种前期投入巨大，后期也需要不断加码的科技行业，投资人面临的挑战似乎更为严苛。他们必须从五花八门的项目书里，撇去华而不实的概念和以假乱真的包装，找到真正能够商业化落地的创新型项目。

徐明鹏专注于长期投资，因此项目的成长性成为其选择项目时的关键要素。判断一个项目是否具有成长性，徐明鹏主要从三个维度进行全面、细致的判断。

首先是产品是否满足了客户的真实需求。有这样一个例子，在建设宝钢时，施工队在往地下打钢桩时无论如何都不能达到规定的深度。当他们打电话向专家求助时，专家却说："我们打桩是为了获得支撑力，现在无法继续打下去，说明支撑力够了，既然这样还继续打什么呢？"最终施工队修改了建设标准，为工程节省了上千万元。其实创业和投资也是如此，也应该秉承"原点思维"的思考方式。在开发产品时，应该以用户的需求作为出发点，而不是从某个中间结果去引申。目前，市面上的很多科技项目，专利论文很多、理论档次也很高，却得不到用户的认可，归根结底是过于追求技术的先进性，忽略了最本质的客户需求。

其次是产品的商业化能力。市场是检验产品的核心标准，无法实现商业化落地的科学技术，即使技术再具有创新性和颠覆性，也不过只是空中楼阁。"我们在看科技类企业时，会倾向于销售能力非常强的团队。

无论采用生态体系的销售方式，还是代理渠道的方式，或者行业性、区域性销售的方式，企业必须搭建和产品本身比较匹配的销售体系和销售方式。"

最后是产品交付的过程，也就是看这个产品的交付过程是否足够标准化，交付效率是否足够高，只有标准化、高效率的交付过程才能保证产品的快速复制。

对于 AI，自其诞生之日起就众说纷纭，其发展过程也悲喜交织，尽管发展的道路是曲折的，但发展的前景是光明的。AI 会让人类社会生产和生活更加场景化、高效率、智能化是既定的事实，目前，AI 处于早期发展阶段，值得所有创业者和投资者共同推动。

深挖制造业等传统行业潜力

工厂中，亮白色的机械臂飞速移动，一块块零件被整齐地排列在流水线上；计算机前，工作人员设计出一列列精细的代码，控制机器完成全新的动作……这是在我们预想里的未来高端制造业景象。

在过去的 10 年时间里，"高端制造"这个词频频出现在各类主流媒体的文库里及党政机关的文件中，一次又一次被人们关注。同样地，我们也隔三岔五地听到国内在某一个高端制造领域打破了国外技术封锁，实现了技术国有化。

这无疑是振奋人心的。但是作为普通的消费者、普通的公众，高端制造离我们似乎太远了，我们很难体会到高端制造与人们之间的密切联系。以至于高端制造对于公众而言，是一个模糊的概念，这容易使人好奇："高端制造被一次次提及，但什么是高端制造呢？"

在深圳智宸投资 CEO 陈宁看来，"高端制造业的概念应该从行业和产业链环节两个角度来进行界定。从行业的角度讲，高端制造业是指制造业中新出现的具有高技术含量、高附加值的行业；从所处产业链的环节上讲，高端制造业处于某个产业链中技术门槛较高的环节。因此新行业的诞生与传统制造业的升级都有着投资的机会"。

传统行业升级换代潜力巨大

陈宁认为，在高科技领域，尤其是基础学科领域，中国相对于美国等发达国家，整体的科技水平依然是落后的。

举个例子，在光刻机技术上，最近美国再度阻拦中国公司购买 ASML 的 EUV 光刻机成为热点新闻。对此，ASML 公司 CEO 表示，"如果美国采取出口管制措施将中国市场拒之门外，这只会加快中国自主研发的速度，15 年时间里，他们就能搞定所有的这些技术"。虽然此番言论并非为中国考虑，但也从侧面证明了中国在光刻机技术上依然落后于美国。

陈宁认为，"在大多数领域，国内科研人员的创造能力一般。中国企业与国外企业竞争时最大的优势是什么？其实一直都没有变过，就是中国的人口红利，以及日益增长的购买力"。

因此，在陈宁看来，过去，巨大的人口红利和日益增长的购买力在推动国内经济快速发展的同时，也限制了国内企业在设备上的升级换代，因此，目前应加大科技投入、提高生产效率，要重视科技人才对提高生产能力的作用，看到传统行业拥有的巨大的改造潜力。

在最为传统的农业生产领域，改造早已开始。近两年来，京东与中国农大、中国农科院等机构合作推出了"猪脸识别"技术。这项技术可以通过识别每只猪的面部表情、体型状况，来观测和记录猪的体重、生长、健康情况，自动调节风机、水帘、暖气等设备，控制猪舍温度、湿度，实现猪饲料的精准配置，以达到节约成本的目的。

根据京东预测，该技术投入使用 1 年内，生猪养殖的人工成本可减少 30% ~ 50%，饲料使用量将降低 8% ~ 10%，出栏时间平均缩短 5 ~ 8 天。按照中国每年出栏 7 亿头生猪来计算，该技术投入使用后每年可降低成本总额超过 500 亿元。

除巨头外，各类企业也纷纷涌入农业改造赛道。在果蔬种植上，中农普惠自主研发了一款叫作"慧种地"的产品，把种植生产过程所有的环节进行标准化和流程化管理，让种植生产的场景能够实现线上化和数据化。目前，"慧种地"已经覆盖了土地 860 万亩左右。

"任何传统行业都是值得重做一遍的。"陈宁表示，并不是传统行业没有了生存的空间，而是企业没有找到适合自己的生存空间。高端制造业局限于半导体、新能源等新兴技术企业，应该看到，很多传统企业在改造过后已然迸发出很大的活力。

把握消费升级潜力

过去，人口红利虽然在一定程度上阻碍了传统行业的改造升级进程，但同样也给国内传统企业带来了一个无比巨大的市场。这让国内企业在世界经济整体增长放缓的情况下，有着坚实的国内市场做支撑，同时，消费者、消费趋势的变化也为企业的升级转型提供了借鉴。

现在，消费市场发生明显变化。最大的变化来自人均 GDP 的增长。2009 年，国内人均 GDP 为 3832 美元，2019 年达到了 10218 美元。人均 GDP 的提升背后意味着人均购买力的提高，购买力的提高会促使国内消费者提高对商品的品质要求，这就带来了消费升级。

举个简单的例子，现在人们对于食物的质量和健康要求非常高，相对于过去能吃饱就好，如今的人们更为看重的是吃好。因此，近几年来可以看到越来越多新的消费食品的出现，从前几年非常火热的奶茶投资到如今主打零糖、零卡、零脂的元气森林，各类代餐等，都可以看作人均 GDP 提高所带来的改变。

陈宁认为，这种火热的势头在短时间内会一直持续下去。事实也证明了陈宁的判断：投资界频频传来新消费品牌的好消息。新锐咖啡连锁品牌 M Stand 拿下近期咖啡赛道最大规模的 B 轮融资，投后估值达 40 亿元；新式茶饮头部品牌喜茶将迎来新一轮融资，投后估值刷新茶饮类历史记录，高达 600 亿元；火锅连锁品牌巴奴毛肚火锅完成第二轮融资，融资金额显著提高，达 5 亿元。

这些品牌都是当下我们俗称的新消费，也被称作消费升级。陈宁表示，消费升级实质上并非我们通常意义上如同技术品门类一般发明新材料、新技术等。消费升级指的是产品的传统工艺、外形、口味等的提升。与传统消费相比，新消费依托数字化等新兴技术，采用线上、线下结合等新商业模式，并基于新媒体等新传播渠道而驱动，更能满足 Z 时代人群（出生于 1995—2010 年的青年群体）个性化的消费需求。不过这些变化和升级仍然是在消费品本身范围内的升级，其实质没有发生变化。

"结合和制造领域的关系，虽然消费升级并未给消费品带来本质上的改变，但会带动非常多的高端制造领域的发展。如新兴的线上买菜，它的出现虽然没有改变人们买菜、做饭的习惯，但它带动了冷链、仓储、运输等整个供应链、生产链的提升。"

注重创始人因素，降低可预见风险

在传统行业升级换代、国内需求日益高涨的大背景下，高端制造领域自然成了资本市场关注的香饽饽。据经济参考报统计，仅 2021 年上半年，芯片领域投融资总额就近 3000 亿元，远超 2020 年全年。

当然，高端制造领域的投资风险并不低。在芯片领域，仅在 2020 年，就有 10 大芯片项目烂尾，分别是武汉弘芯、成都格芯、德淮半导体、坤同半导体、德科码、时代芯存、中璟航天、成都超硅、华芯通、中晟宏芯。

作为一个专业化和垂直化程度比较高的领域，如何在高端制造领域投资，减少自身所承担的风险，不同的投资人有着不同的见解。陈宁认为，在投资考察的过程中最为重要的是要注重创始人这一要素，这点在高端制造领域尤为明显，最为突出的例子便是对芯盟科技的投资。

芯盟科技是一家新型感—存—算一体化芯片技术公司，拥有单芯片异构系统集成产品技术研发和硬件实施能力，主要专注于大算力、高带宽、低功耗芯片系统集成应用领域，产品瞄准云计算、物联网、大数据、智能制造及自动驾驶等高端应用市场。同时也为客户开拓特定应用市场定制芯片异构集成技术及实施方案。

陈宁表示，当初投资芯盟科技是看好其创始人杨士宁博士。杨士宁博士曾在芯片巨头英特尔公司有十多年的工作经历，担任过新加坡特许半导体原首席执行官、中芯国际首席运营官等职务，2016 年至今任长江存储科技有限公司总经理，2021 年担任上海大学名誉教授，是国内芯片技术领域领军人之一，在芯片领域有着很高的威望。

实践证明了看重创始人这一要素是正确的，目前芯盟科技估值已经达到了 30 亿元。在 2020 年 8 月，芯盟科技研发出全球首款超高性能异构 AI 芯片。据介绍，该芯片打破了传统同构芯片内储存与计算间的数据墙，实现了数据存储、计算的三维集成，将主要应用于类人感知与决策应用场景，如主要服务于服务员、医生、驾驶员等。

综合芯盟科技的经验，陈宁表示，投资早期项目并非仅有高端制造领域风险高，投资各行各业都有着非常高的风险。"作为投资人，情怀很重要，能够帮助国家产业战略升级转型固然是好事，但同样重要的是对自己投出去的每一分钱负责，对出资人负责。因此，这需要投资人有强烈的责任心和敏锐的洞察力，能够在不断变化的市场中抓住那些优质的项目。"

Chapter 3

第三章

旧瓶新酒下的
新势能

新时代下半导体赛道的投资逻辑

半导体市场发展供需失衡

基于半导体掺杂特性和光电特性两大特性，半导体行业逐形成了四大领域：

一是分立器件领域，主要做二极管、晶闸管、电容，这些是最简单的半导体。

二是传感器领域，包括压力传感器、温度传感器。

三是光电子器件领域，应用着电生光、光生电的特性，如光伏和LED灯。

四是当下市场主要关注的领域，集成电路领域，常说的芯片就属于这一领域，这是半导体行业中技术攻关难度最大的领域。

国内在半导体这四大领域的发展情况各不相同，例如，在光电子器件领域，2020年中国液晶面板产能在全球占比达到55%，在低速率光芯片方面优势也较大，基础较为扎实。但在集成电路领域，国内市场却难以自给自足，甚至要大量依靠进口才能满足需要。

实际上，国内半导体行业一直以来市场规模相当巨大，早已达到万亿元规模。早在2018年，全球半导体市场规模已经达到4780亿美元，其中，集成电路销售额占比达到83.9%，达到3932.88亿美元。同时我国也已经成为半导体消费的最大市场，2018年时便占全球销售额的32%。目前，芯片主要被集中应用于计算机、通信、消费电子三大行业，其占比分别为36.6%、36.4%和11%。

在未来，随着自动驾驶汽车、车联网功能实现，工厂产业升级换代，汽车电子和工业控制设备将会成为半导体行业新兴的发展动力。

政府持续放出政策红利

与日益增长的消费需求相对应的是，我国在芯片领域长期依赖进口。据2021年6月中国国家进出口海关统计，中国芯片进口的金额和数量近些年来持续走高，2020年进口总额超过了3800亿美元，已经超过石油成为国内第一大进口商品。

芯片的大量进口并非好事。芯片被喻为国家的"工业粮食"，是整个信息技术行业的基石，电子产品、汽车甚至军工产品，都需要以芯片为核心发展起来。芯片的长期进口依赖意味着我国的电子产品，如计算机、家电、手机等在内的制造将处于国外的控制之下，一旦形势恶化，国外芯片制造厂商有可能通过在芯片面板某一程序上植入木马来窃取商业数据或机密，也可以通过病毒、恶意软件来操控控制系统，引发安全事故。

一方面是各行各业日益增长的对于芯片的需求，另一方面是国内芯片制造能力欠缺，供需双方的矛盾和芯片安全的因素让国家近年来对芯片的投资力度日益加大，带来了持续性的政策红利。

2014 年，国务院印发《国家集成电路产业发展推进纲要》并设立了国家集成电路产业投资基金。

具体而言，国家集成电路产业投资基金第一期规模达到 1387 亿元。据公开信息统计，其中半数都流向了制造业。而且在过去的几年中，通过大基金引流、商业及地方资本的共同参与，国内的半导体制造业水平和规模有了明显的提高。

此外，2019 年设立的国家集成电路产业投资基金第二期，总募资规模为 2000 亿元，并从 2020 年开始进入全面投资阶段。第一期的主要投资期是 2014—2019 年。如果按照类似周期，那么第二期还会持续在半导体先进制造及上游的设备、材料环节加大投资力度，扶持本土相关的龙头企业做大、做强。

政策红利的长期利好虽然推动着我国芯片产业的发展，如在芯片封装、测试和晶圆清洗方面已经有了明显的优势，但我国在半导体生产设备制造、芯片设计、芯片生产等关键领域依然处处受限。

根据测算，在 2018 年时我国半导体行业自给率仅占 15%，85% 需要依赖国外进口。根据 2020 年国务院印发的《新时期促进集成电路产业和软件产业高质量发展的若干政策》，中国芯片自给率要在 2025 年达到 70%。

显然，现实与目标依然存在着不小的差距。由于供需双方长期存在矛盾，加之国家近年来进行大力支持和鼓励，史晨星看好半导体行业，他相信未来在国内芯片领域将会涌现出一批中国人自己的世界顶尖企业。

激光产业新势能

随着我国经济结构转型，科技创新已成为拉动 GDP 增长的重要引擎之一。与此同时，科技的发展同样离不开外界的助力，这样的力量既来自资本提供的"弹药"，也来自各级政策的推波助澜。此外，在"科技兴国""进口替代"的浪潮下，国内硬科技领域的创新创业十分活跃，其中的投资机遇也持续凸显。

中科创星是国内首个专注于硬科技创投与孵化的专业平台。作为硬科技理念的缔造者和硬科技投资的先行者，中科创星致力于打造以"研究机构＋天使投资＋创业平台＋孵化服务"为一体的硬科技创业生态，为科技创业者提供专业、深度、全面的投资、孵化及融资解决方案。

关注早期项目，长期布局光电领域

董冬，中科创星执行董事。2013 年至今，他一直关注光电领域的激光产业。

在董冬看来，过往国内科技型企业上市周期需要 10 ～ 12 年，随着科创板的推出及国家政策的导向，缩短了国内科技型企业上市的周期，同时，越来越多的机构开始关注科技赛道。中科创星主要关注早期硬科技项目，一直以来以中长期结合的稳健投资策略为主，投 To B 的科技类项目居多。

"我们会选择在一个大的赛道进行多个项目的布局，类似早期红杉资本布局电商行业的逻辑。我们会长期在一个大行业深耕，当发现新技术的迭代，或者新应用领域的拓展，并存在一个方向和空间不错的细分市场时，就会去投资。"董冬说道。

截至目前，董冬已在光电领域投了 10 多个项目。

董冬介绍，"具体来看，2014 年，我们投资了绿色环保激光再制造的必盛激光，从激光器、激光设备及合金粉末可以自主生产方面提供整体解决方案。2015 年，我们投了解决国家航空发动机难题之一的超快激光精细加工设备研发商——中科微精，以及做科研、工业和医疗美容三大激光产品的超快激光器研发企业的卓镭激光。2016 年，我们投资了研发、生产大视场双光子显微成像系统的超维景，与国内生物医学和临床研究紧密结合，将为三维细胞生物学、神经科学、发育生物学及临床医学等打造新型的成像手段，为生物科研领域提供更好的在体高分辨率可视化工具"。

硬科技企业的核心资产是人才。为了对抗早期技术投资周期长、风险高的问题，在创始人的选择方面，首要标准是其技术一定要过硬。董冬说道："我们更青睐技术能力强、特别专注、有激情的创业者，在看重创始团队过往背景的同时，我们同样关注创始团队的商业场景构建能力。

"后疫情时代"激光产业的发展趋势

中信证券行业研究显示，2020 年，激光设备行业受新冠肺炎疫情影响曲折前行，行业规模为 690 亿元，同比增长 5%。目前，董冬认为激光设备在国内工业的应用领域存在以下不足：

（1）存在技术突破进度不及预期的风险。集成电路、显示面板制造等新兴产业对激光加工设备的要求极高，目前该部分市场主要被海外厂商垄断，有着广阔的进口替代的空间，国内企业仍处在追赶阶段，存在技术突破不及预期的风险。

（2）低端市场竞争激烈，毛利率大幅下滑。目前，国内的低功率激光器和传统设备环节的竞争已比较激烈，产品同质化严重，若企业既无法在高功率领域有所突破，又无法紧跟优质客户的研发需求，则面临着毛利率下滑的风险。

（3）贸易战的影响。中美贸易战形势尚不明朗，高端激光器作为激光加工设备或科研的核心器件，有可能被列入禁售、增税的名单当中。据 WIND 数据，中低功率激光器 2020 年销售增长 10%，2021 年预计增长 3%；高功率激光器 2020 年销量增长 28%，2021 年预计增长 36%。董冬认为，未来 5 年之内，相关标的和有关技术有望爆发。"在中低端市场，国内企业已经做得非常好了。随着未来高功率激光器成本下降，激光器稳定性提升，性价比凸显。在 3D 打印、激光再制造、激光清洗等领域，有非常大的机会。"

激光应用领域不断拓宽，多领域发展迎来黄金十年

随着激光器技术的提升，会拓展越来越多的激光应用领域。我国激光设备每年近 700 亿元市场空间，2021 年行业增速上行。其中，切割、

打标、焊接仍是我国激光设备在工业上的主要应用领域。

此外，超快激光的应用空间会很大。例如，在医疗领域的精细应用；在工业领域进行异形切割、不规则或曲面切割等；在光学器件、光学芯片和硅光芯片领域的应用；在封装领域的应用，等等。

总体而言，目前激光产业的创新创业处于成长期阶段，无论创业者还是投资人都更加理性，未来，激光将在3D打印、激光清洗、医疗、显示、IC、激光导航、军用等多维度快速导入，实现多个细分赛道快速增长，激光行业将迎来百花齐放的黄金十年。

在此，董东对新进入投资行业的年轻人有以下建议：

如果是进行早期科技型企业投资，要继续保持读研或读博时期阅读文献资料的好习惯。工作的一大部分时间是要做行研，需要把科研钻研精神传递下去。从论文、专利、新技术到对新的产业动向的关注，联系相关作者及行业从业者，动静结合，获取更多的行业信息，建立自己的人脉圈子。

"点石成金"的专家网络

信息是有价值的。

在金融市场中，掌握比别人更多的有价值的信息，就意味着在某个领域可能获得更多的收益。

在商品市场中，掌握比别人更多的有价值的信息，就意味着企业可以更快地把握市场需求，迭代自身产品。

为了掌握更多的信息，金融机构和实体机构都有着自身的对策，前者专门创建自身的信息搜集部门，后者则会寻找更为专业的咨询机构，埃森哲、麦肯锡等咨询公司就是吃着信息差一步一步发展至今的。

信息无时无刻在被创造，时代一点一滴在改变，新兴的信息公司也在不断涌现。专家网络公司便是这样一种全新的机构。

专家网络这种汇集了行业专家、企业上下游人士甚至企业竞争对手的专家服务，被部分买方机构称为提升投研效率的"点睛之笔"。这样一个咨询行业的新蓝海，前景到底如何？

什么是专家网络

专家网络诞生于美国华尔街，本质上是金融发展的产物。

此前在华尔街，对冲基金等公司会通过公开渠道获取研报、新闻材料等相关的数据。但2000年互联网泡沫打破了这一局面，让投资人意识到依靠开源报告、新闻材料提供的数据不能够深入了解行业，这些数据具有滞后性。

同时，根据IBM此前的调查，通过诸如百度和谷歌这样的开源渠道，机构只能获得20%的有效信息，80%的有效信息依然被行业专家所掌握。

因此，对行业本身有着深入理解，同时能够站在客观的角度去解读行业的专家网络便诞生了。

如何定义专家呢？这里的专家并非通常意义上的大学教授、行业协会研究员和独立咨询师，而是担任行业里头部企业的高管，从业时间至少在 8 年以上的业内人士。

从专家在行业分布的数量上看，目前国内行业排名前三位的分别是医疗健康、TMT 和消费品领域。同时行业里也存在着部分海外专家，帮助国内的企业在海外拓展业务。

专家网络主要服务于四类需求方，即投资机构与证券公司、商业尽调公司、公募基金、大型企业公司中的战略部门和投资部门。在这四类需求方中，虽然有些公司会有自己的调研部门，但其同样需要专家网络的服务，需要第三方行业专家的意见。

因此，专家网络类似猎头，但又和猎头有着明显的区别。猎头行业帮助企业去寻找企业自身发展需要的高、精、尖人才，让其通过全职身份进入企业，为企业提供相应的服务。专家网络是帮助企业去寻找企业自身发展需要的建议和意见，专家通过兼职或零工的身份进入企业，为企业提供相应的服务，相当于企业的一种外部人力资源。

商业模式及盈利

在商业模式上，专家网络公司并非直接和专家签约合作，它类似国内的某些平台：公司对专家的身份进行审核，专家以合作的形式加入专家网络中，公司根据客户需求给专家派单，并从中周抽取平台费用。

专家网络建设的最关键点在于行业专家资源的获取。目前，专家网络主要通过两类方式获取相应的行业专家资源。第一类是简历平台公司，如智联招聘、前程无忧等，虽然目前由于隐私安全问题国内简历公司受到严格监管，但在合法合规的情况下其依然是首要的资源渠道；第二类是职业社交平台，如领英、脉脉，需要和平台达成点对点合作和采购意向。

企业的需求一直存在，基本划分成两种形式：第一种是投资机构需求，其需求针对性不强，一般而言要从其他人的角度了解某公司或某行业的基本特征、最新的前沿动态、未来可能的发展趋势和价值投资方向；第二种是企业需求，这种需求的针对性非常强，需要对接行业里某细分领域的专家，如供应链端、销售端等，主要用于解决具体问题。

通常而言，企业和专家会采取线上对话的形式进行交流和沟通，因此，专家网络公司会按照小时数收取客户的费用。目前，国内该项费用通常在每小时3500元左右，国外该费用达到了每小时800~1000美元。

对于专家方，在支付上国内通常为每小时1300元。

综合来看，专家网络公司每小时的报酬非常可观，行业的毛利率在50%左右，在国外甚至能达到70%以上。

防范"冒牌专家"的风险

当然，专家网络的发展并不是一帆风顺的，其自身所必须拥有的专家资源也可能给行业带来难以消除的风险和隐患。

其一是对专家的认证问题。在高时薪的诱惑下会存在普通人冒充行业专家的情况；另外，专家的言论可能对二级市场估值产生影响，可能涉及内幕交易的情况。

假冒专家的情况时有发生，尤其是在一些炙手可热的行业。

例如，在 2021 年 6 月 3 日，长盈精密公告称：公司发现有不明身份人员以"长盈精密电子烟行业专家"的名义通过营利性质的所谓"专家库"（第三方机构），参加投资机构交流会议（公司未参加，且公司不知情），编造公司不实商业信息，严重侵害了投资者及公司的合法权益，产生了极其恶劣的影响。公司已向公安机关报案。

长盈精密于 2019 年成立东莞阿尔法公司，开展电子烟等业务。2020 年，公司电子烟业务实现营业收入约 1 亿元，如今电子烟赛道风口还未散去，因此难免有人假冒电子烟行业专家牟利。

在 2020 年，假冒专家也出现在网红经济概念股里。星期六作为网红经济概念股龙头标的之一，多次被投资者调研。2020 年 6 月 2 日，在一场华创证券组织的电话会议中，有"专家"假冒星期六旗下公司遥望网络高管，被星期六董秘马超当场拆穿。该事件当时迅速在网络发酵，华创证券回应称，电话会议邀请的专家实际上早已离职。

因此，判断专家的真实性，防止冒牌专家出现扰乱市场便成了专家网络公司必须要面对的任务和可能存在的风险。

其二是与证券市场相关的法律问题，这点在专家网络公司服务于公募机构时尤其明显。为了避免造成二级市场波动，防范内幕交易，专家网络公司在服务于公募机构时对所提供的专家要求非常严格：第一，若专家在上市公司工作，要拿到董秘亲笔签名的同意书。第二，专家已离开上市公司，并且不在上市公司任职。

严格的限制并非杞人忧天，公司内部人员通过专家网络向金融机构提供信息，进而实现内幕交易的案例多有发生。例如，2012 年，美国证券交易委员会公布一起涉嫌非法获益或避免损失达到 2.76 亿美元的内幕交易案件。涉案的对冲基金在 2008 年 7 月于一种阿尔茨海默病药物的负面临床试验结果公布前获得消息，从而避免了重大损失，甚至大规模获利。

当时，临床试验安全监督委员会主席悉尼·吉尔曼博士被控向对冲基金管理人马修·玛托马泄露机密信息：前者是一个专家网络公司的收费顾问。委员会的指控显示，被控两人通过专家网络公司的安排见面，悉尼·吉尔曼博士的顾问服务每小时收费超过 1000 美元。委员会也指出，专家网络公司为悉尼·吉尔曼博士提供了联邦证券法相关的培训，提醒他不要向客户透露非公开信息。

在严格的监管之下，专家网络公司必须建立一套强力的合规团队，保证自身提供专家的合法性。

虽然这在一定程度上为公司带来了更大的费用开支，但并非全无好处。这就促使专家网络公司不仅要深入挖掘上市公司的雇员，还同时需要深入了解某一个行业内部的非上市公司，去挖掘这些非上市公司的专家，进而让自身的专家池更深。

未来，随着金融监管越来越严格，国内专家网络公司也需要进一步顺应趋势，加强自身的合规性建设，一方面要保证专家质量，严控冒牌专家的出现，另一方面要注意合规性问题，防范相关法律风险。

发掘隐私计算潜力，寻找"独角兽"

独角兽，这是一种古代神话传说中的虚构生物。在传说中，独角兽极其罕见，其现身于世时都带有特殊的寓意，如将有圣人出世等，常常是希望的象征，具有积极意义。

独角兽企业也被赋予了同样的含义，在投资人眼中，独角兽企业起码是行业的颠覆者和开创者，一旦能够捕获，便能获得成百倍的回报。

因此在很长一段时间内，资本市场不是在投资独角兽企业就是在准备投资独角兽企业，那些手握大量独角兽企业的机构也就自诩站在了创投机构的顶端。一夜之间，貌似所有人都在谈论独角兽企业，以至于独角兽企业的战场异常火热，不只是各企业之间的市场竞争，更是其背后创投机构的明争暗斗。

同创伟业投资副总裁兼基金负责人张昕也是寻找独角兽企业的投资人。不过，和其他过分狂热追逐独角兽企业的投资人相比，张昕要冷静许多。在他看来，资本的力量本身是有限的，要选好下一个独角兽企业，绝不是能够靠钱砸出来这么简单。

认识资本力量的有限性，把握好资本的边界

多年的投资经历下来，张昕认为，作为投资人，应该摆正自身的心态，认识到资本和企业之间的界限与资本力量的有限性，投资人是创业者的陪跑者，不能喧宾夺主。

怎样看待资本和企业的界限，张昕认为，这需要投资人从三个角度去理解。

第一个角度，就是要扮演好受托人的角色。投资机构的资金源自出资人，这些资金并非投资人个人的所有物。相反，投资人基于信托的义务作为管理者，帮助出资人去使用这些庞大的资金，并让资金升值。

第二个角度，就是要扮演好投资人的角色。这就要求投资人在掌握资金时抱持谦卑、审慎的态度，不能损害 LP 的利益谋取个人的福利。创业者在面对投资人时常常客客气气、谨小慎微，但创业者客气的态度面向的是投资人所代表的投资机构，而非投资人个人。因此投资人切不可迷失心智，胡乱干预企业的发展，而要时刻保持着自律意识。

第三个角度，就是要扮演好旁观者的角色。这要求投资人意识到资本力量的有限性、认识到资本并非无所不能。在张昕看来，资本的力量是有限的，不能太过狂妄，要尊重社会的基本价值和运行规律，很多项目并非靠烧钱就能成功。

在把握好资本和企业的界限上，张昕认为投资人要摆正自身的投资心态，要作为创业者的陪跑人，帮助企业发展。"因为创业者是 1，投资人是 1 之后的那些 0。没有创业者的灵感和火花，没有创业者自身敢于

冒险、开拓创新的勇气，有着再多的资金也终究是空有一串的数字。"

如何做好企业的陪跑者，如何助力创业者不断向前迈进，张昕认为可以从三个大的方向去考虑：介绍业务、帮助融资和心灵按摩。前两者很好理解，也是诸多投资机构会采取的帮助企业成长的方法，至于心灵按摩，则是陪伴创业者成长的重要一环，因为"创业者是孤独的，创业本质上是一种非常孤独的行为，因此投资人需要为创业者提供心灵上的支持"。

不过，张昕表示，即便创业者很信任投资人，也不能模糊投资人和创业者之间的界限，"实际上创业者内心是有想法的，很多时候只是非常孤独，所以来寻求投资人的倾听"，因此投资人不能在这时候给创业者添乱，不能够影响创业者，最好是给出一些中立的意见或推荐一些专业的机构给创业者，帮助他解决相关的问题。

两个维度发掘独角兽企业，看重企业社会效益

意识到资本的力量是有限的、把握好资本和企业之间的界限很重要，但同样重要的是能够寻找到合适的项目，寻找到合适的创业者。对于张昕而言，寻找到合适的创业者并非易事，尤其当他非常想寻找出未来某行业可能出现的独角兽企业时。

张昕表示："寻找独角兽企业既是一个现实问题，又是一个个人的夙愿。"现实问题来源于投资人的责任和义务，在同创伟业所投项目中，2020年共有13家企业实现IPO，排名全国第五，2021年预计有23个项目实现IPO，数量将进一步上升。虽然在外界看来，一年有着如此多

的项目实现 IPO 已经非常值得骄傲了，但在同创伟业看来，实现 IPO 项目数量虽多却回报不大，单个项目的盈利并不高一直是其痛点。

"为什么盈利不足？因为项目市值没有高度上涨。为什么市值没有高度上涨？因为上市前市值已经很高了。所以与其投几个能够上市但盈利不足的项目，不如发掘具有潜力的独角兽企业，实现单个项目的高度盈利。"如知名独角兽企业大疆，2013 年其估值为 3 亿美元，2017 年是 150 亿美元，预计到 2022 年，其市值将超过 1000 亿美元，一旦上市，早期投资机构将收获巨额回报。

个人夙愿则来自独角兽企业本身所带来的改变。"投资圈里是这样认为的，凡是能够成为独角兽企业的，至少能够改变行业，也许能改变社会，说不定能改变世界。"因此，从个人的自我价值实现的角度，作为投资人能够实打实为社会做出贡献，甚至能够改变社会的确让人心潮澎湃。

如何寻找独角兽企业？张昕有着自己的方法论。

在他看来，判断独角兽企业要从两个维度综合考虑，第一个维度是创业者的立意和定位，这与创业者的创业初心有关。一个单纯想赚点钱实现个人财富积累的创业者和一个想要改变行业、为社会做出贡献的创业者，这两个创业者的初心会带来完全不同的结果。第二个维度是创业者的世界观、价值观、人生观，需要创业者能"三观"正确，确实能够给社会的发展带来效益。"三观"正确并非空谈，创业者的初心和使命都应该是符合社会发展规律和前进方向的，是符合社会价值观的，此前就有过德州扑克的创业者虽然拿到了其他机构投资，但最终因为涉及赌博被公安机关查办的例子。

在张昕目前投资过的案例中，颇具未来行业"独角兽气质"的便是乐约健康项目。乐约健康运用互联网技术直连医疗机构，为各地卫健委与医院搭建和运维商保智能化结算平台，推进"保险＋医疗"深度融合发展，基于医疗大数据、AI 等前沿科技，为保险机构提供智能核保，智能理赔及健康险产品的创新设计和精准定价服务。

具体而言，由于商业保险公司和医院的信息不互通，商业保险公司并不清楚受保人真实的身体状况。某些不诚实的投保人会让受保人隐瞒信息、带病投保，进而增加保险公司额外的成本。为了解决成本问题，保险公司只能将额外的成本转移给全部的投保人承担，即 100 个人员需要为 5 个人员的撒谎成本买单。

乐约健康通过打通保险公司和医院之间的信息渠道，汇聚患者信息，这可以进一步帮助保险公司为不同的人群制订不同的保险计划，进而能够降低社会总成本，为社会创造效益。

看好金融科技领域，发掘隐私计算潜力

除了在医疗健康领域进行相关的布局，张昕认为，未来中国独角兽企业将很大概率出现在金融科技领域。

如何定义金融科技呢？张昕认为，"理解金融科技最为实质性的问题是要关注其发展的核心动力来源是什么。这一点在国内和国外是不同的，国内来自科技本身，国外来自金融本身"。

在美国，金融科技的核心动力来自金融。目前，美国金融科技领域

融资火热的企业大多数是我国过去曾经严厉打击过的类型，如小额贷款业务、高利贷业务等，美国的方式是通过互联网的方法改造金融行业业务生产流程，减少相关的环节，利用信息技术在传统业务上超越过去的金融机构，进而取得高速增长的结果。

在我国，金融科技的核心动力来自科技。高利贷等行为历来都是被禁止的，尤其在国家整治、规范网贷公司后，机构想通过简单的科技改造自身的生产流程，进而取得利滚利的方式已经难以为继了。因此，国内金融科技发展的核心动力来自科技端，来自信息技术领域的突破，进而结合金融领域降低成本、增加收益。

"科技端的核心动力会让中国金融科技的发展更为偏向于 To B 领域，因此从消费者的视角来看，会感觉金融科技领域创新不大，但实际上国内这一领域发展日新月异。"

张昕目前较为看好的科技创新，便是隐私计算。隐私计算是指一种由两个或多个参与方联合计算的技术和系统，参与方在不泄露各自数据的前提下通过协作对其数据进行联合机器学习和联合分析。隐私计算的参与方既可以是同一机构的不同部门，也可以是不同的机构。在隐私计算框架下，参与方的数据明文不出本地，参与方只交换密文形式的中间计算结果或转化结果，不交换数据，保证各方数据不泄露。隐私计算可以在保护数据安全的同时实现多源数据跨域合作，以破解数据保护与融合应用难题。

张昕认为，信息本身具有公共属性，因此一旦被买家购买后可以重复使用，甚至还能二次贩卖，这就使当下各种数据平台拼命加高自身的数据壁垒，防止数据泄露，导致整个市场上的数据处于割裂的状态。隐私计算可以很好地解决数据不互通的问题，它能够将明文变成暗文，数据双方使用暗文进行计算，输出明文结果。暗文并不能够被其他机构破解，这就解决了数据割裂的问题。

数据整合带来的潜力是无限的。例如，在营销端，通过信息整合，进而通过各类隐私计算得出用户精准画像后，产品公司能够更好地找到自身的用户；在医药端，通过隐私计算估计出未来某种疾病的发病率可能上涨，医药研发企业能够提前开发药物应对市场需求；通过收集与分析用户的行为和发病信息，商业保险公司或许能够推出更具个性化的保险产品。这些都将是隐私计算带来的可能。

"未来，在真正的大数据时代，银行、医院、政务等基础数据节点可以放心地把部分数据给予社会使用，这些不同的数据流最终会形成一片汪洋大海。只要数据足够多、足够广，相信未来不同的行业里就会形成一家又一家的高新企业，金融科技便是其中行业之一。在那个时候，公众便能充分享受到真正的大数据时代的便利。"

寻找下一个"元气森林"

价值投资，一个我们常常听到但又陌生的词语。

这个词语最早起源于 20 世纪 30 年代，由哥伦比亚大学的本杰明·格雷厄姆创立，经过沃伦·巴菲特发扬光大，从 21 世纪开始经由电视、网络等各种各样的渠道进入国人视线。

价值投资原本的含义是指长期分析企业的发展潜力，计算企业估值，并在价格被低估时买入、长期持有后价值高涨时卖出，进而获利的一种投资方式。如今，价值投资在国内被赋予了各种各样的含义，也在不同的人眼中有着不同的意味。

徐真，凯辉基金董事总经理，经济学科班出身的她过去也信奉着价值投资的理念，坚持做时间的朋友，虽然在投资项目时出手较少，但战果斐然。但如今在她看来，在全球货币超发的时代，价值投资固然正确，但价值投资里面到底什么才是合适的价格早愈加难以判断，因此，现在更应该坚持的是价值潜力投资。

疫情过后投资趋势过热

突如其来的新冠肺炎疫情给各行各业都带来了明显的冲击，创业者在寒冬中苦苦支撑、投资人的年度投资计划更是被打乱，无数提上日程的投资计划被一点点搁置。和诸多行业一样，新冠肺炎疫情对投资行业的影响也是深刻的，过去一些稍微火热的赛道被疫情全方位降温，而医疗、新消费等赛道则被疫情再次点燃。

在徐真看来，价值投资和长期主义、耐心联系在一起，疫情带来的变化使如今的投资圈表现得越来越焦虑，各路投资人出手次数越来越频繁，估值也水涨船高。

例如，在线教育行业，2020 年披露的融资金额显著增加，达到 646 亿元，同比增长 65.4%；在植物肉领域，投资事件达 21 起，同比增长 500%，约占整个食品及保健品赛道的 10%；茶饮领域，茶饮品牌一共有 18 起融资，较 2019 年增长 8 起，披露总金额达 17.43 亿元，同比增长约 700%，占到当年食品和保健品赛道融资总额的 36%；在半导体领域，仅 2021 年上半年，我国半导体芯片行业投融资事件达到 205 起，总金额达 2944.02 亿元，远超 2020 年全年的 1097.69 亿元……

徐真表示，可以从感性和理性两个角度看待这样的现象。

站在感性角度，一方面，疫情对于很多投资人个人的人生观和价值观产生了冲击，使一些投资人在抓一些机会主义的投资机会；另一方面，疫情影响了整个估值体系，使很多领域的估值体系被打破重建，因此可能会有不少的机构认为在估值重建的过程中要抓住机遇，会抱持抄底心态不断出手一些项目。

站在理性角度，一方面，疫情导致了以美国为首的多个国家整体货币供应量的上涨，这会使资产水平整体上涨；另一方面，国内投资行业产生马太效应，少数优质的投资机构管理了更大的资金量，竞争和投资压力使头部投资人出手更频繁。

具体到消费品领域，徐真认为，疫情让诸多投资人意识到这是一个韧性非常强的行业，抗周期的能力比较强，能够抵御很多危机和风险。根据波士顿研究发布的《2021 消费信心报告：解码后疫情时代的中国消费新现实》，在 2020 年上半年疫情胶着时期产生的对未来的不确定性，让消费者普遍经历了一个消费降级意愿强烈的阶段，但 2020 年下半年疫情形势转好，37% 的消费者回归到消费升级的轨道，这一比例高于消费降级人群的比例。同时，在经济增长转正和疫情影响减弱的双重催化下，国人消费升级意愿在 2020 年下半年迎来显著 V 型反弹。

所以，徐真认为当下消费投资领域越来越出现了极端的现象，"经历了疫情的洗礼，越来越多的投资人对消费领域看好，整个消费投资领域出现了疯狂加码，不断加注，生怕错过任何一个可能爆发的赛道的现象。由于资金的供应量增加，消费品投资估值也就越来越高，已经产生了过热的态势"。

四个维度判断消费产品价值潜力

如何在货币超发的时代正确判断项目的估值，如何既能够坚守长线投资原则，又能够顺应时代的趋势看清增长潜力。在徐真看来，这便是"价值潜力投资"。

"在我刚加入投资圈时，我希望自己能够做时间的朋友，这个理念在逻辑上是成立的。但是当周围环境发生巨大的变化，钱的供给量日益膨胀，传统的估值模型已经不适应这个时代时，那便需要顺应时代做出策略调整。所以，一方面要坚持 80% 的价值投资，看重公司的长期价值，另一方面要坚持 20% 的潜力投资，着眼于公司未来的发展潜力和成长的可能性。"

具体到如今火热的消费赛道，徐真有着属于自己的一套投资方法论，她认为消费品领域的价值潜力投资需要遵循四个维度，即产品、供应链体系、与消费者沟通和触达的能力、创始人因素。

在产品维度，核心产品是消费品牌最重要的立足点，徐真认为，要判断核心产品的好坏，一个重要因素便是创新。这个创新要求其和市面上其他的产品能够存在着本质的区别，同时在不同领域的赛道里，对产品的创新要求也是不同的，因此，对核心产品要进行实事求是的分析和判断。

完善的供应链体系是能够供应优质核心产品的必要前提，因为它能够保证产品有着优质的性价比，能够在被消费者所接受的价格下源源不断地稳定供应，国内的消费供应链基础非常好，在这样的土壤下能够生产出好的产品。

与消费者沟通和触达的能力在如今越来越重要。这种沟通分为两个方面：第一个方面是理解消费者的需求。徐真表示，这种理解不是感性的，而是数字化、定量地去理解消费者，把握消费者的需求，消费者看重的核心要素是什么，产品需要在哪些方面进行改进，需要推出哪些新的产品来应对消费者的需求，这些都应该是通过数字化的方式去求解的。第二个方面是将自身的品牌理念有效传递给消费者，产品创造出来以后怎样让消费者能够无门槛地理解和接受，怎样能够把产品理念切实传达给消费者，这同样很重要。

创始人的因素是最难以定量比较和分析的。在徐真看来，创始人的气质、背景、性格五花八门，并非某个特质的存在一定使项目成功，也并非某种性格的存在一定使项目失败，创始人的因素从多方面来影响项目的好坏。失败的项目不一定有一个坏的创始人，但在成功的项目里，创始人绝对是具有多种优秀特质的。

锚定元气森林

徐真认为，这两年里坚持价值潜力投资最佳的例子便是投资元气森林。2020年的私募创投市场开局遇冷，资本寒冬叠加疫情因素，导致整个一季度投资节奏放缓。可即便3月疫情仍然肆虐，徐真"全副武装"一头扎进元气森林位于北京亮马桥的新办公室，促成了元气森林的融资。5月，元气森林融资的第一份投资意向书（TS）便是由凯辉基金发出的。

2021年4月，元气森林公布进行新一轮发展战略股权融资，这轮投后公司估值达到60亿美元。这代表着，与上轮股权融资公司估值相比，元气森林在不到一年的时间内，估值提高了约3倍，而这距离元气森林成立也才不到5年。

在徐真看来，元气森林在核心产品上，创新地率先推出了"0糖0卡0脂"的全新饮品，搅动了碳酸饮料市场；在供应链上，一系列自有工厂的建成使元气森林能够不断推出性价比高的产品；在与消费者的沟通和触达渠道上，元气森林从来不是只依靠一款网红产品在线上扩张，而是利用线上与消费者直接沟通，重视线下，建立了完善的线下销售渠道；在创始人因素上，其创始人唐彬森是一个"格局大、聪明并热爱学习、对人性有着很深刻把握且极为慷慨的人"，集合了诸多优秀创业者所必需的品质。

徐真认为，首先，唐彬森本身格局很大，他对元气森林一开始的定位就不仅仅停留在国内市场，而是具有全球化的视野。

其次，唐彬森本人极为聪明，非常善于学习和理解新鲜的事物，能够快速对事情的发展做出判断。"饮料是一个很大的领域，其产品线很丰富，包括了气泡水、奶茶、能量饮料和电解质水等。对于创始人而言，在饮料领域什么样的时间该做什么样的事情，什么时候该推出什么样的新产品是一个很有挑战的事情。"

再次，唐彬森对人性有着很深刻的把握，天生具有同理心，能够理解消费者真正的诉求。"同理心这是很难学习和掌握的，或许这和他早年间做游戏创业有着关系，因为游戏行业里需要在理解人性的基础上做出好的产品并能够实现不断地迭代。"

最后，唐彬森也是很慷慨的，能够与其他人分享、共同成长，因此可以吸引到优质人才和他一起创业。

"元气森林这样的项目并不常见，但消费品领域一直会有新的赛道出现、新的机会诞生。"徐真表示，消费品投资看起来没有什么门槛，但却是最难投资的种类，因为它没有一个固定的万能方法论，更是一个90%的企业都会失败的极端的行业。要在消费品领域做好价值潜力投资，需要投资人不断寻找优质的创业团队、不断寻找新的机会和可能的赛道。

| Part 2 |

抓住数智时代新风口

Chapter 4

第四章

成为一个合格的
数智创业者

用投资人思维实现认知升级

从有条不紊的高层管理者到运筹帷幄的投资家，从敢为人先的创业者到高瞻远瞩的企业家……每个领域都有佼佼者和领头羊。

每个领域的天才与普通人之间是有壁垒的。这个壁垒究竟是什么？天赋？经验？运气？其实这些都不足以成为前进路上的障碍，人与人之间最大的差别在于认知。只有打破自己的思维局限，拥有更开阔的视野，才能站在更高的平台上观察整个投资市场，清晰地把握整个发展形势，最终比普通人更先获得机会。

构建多元思维模型

当我们决定要步入资本市场的时候，要从原来的利润思维向市值、市盈率、股价、流动性等思维拓展，也就是从经营思维转向资本思维。实现这种思维的转化，需要运用查理·芒格的多元思维模型。查理·芒格的多元思维模型涵盖了多个领域，除了历史学、心理学、数学、工程学等方面的知识，还包括复利原理、排列组合原理、费马帕斯卡系统、决策树理论、后备系统、断裂点理论、理解质量概念、误判心理学等细分方向的方法。

很多创业项目的负责人习惯用过去被证明能够成功的方法去处理事

情，那就很容易变成"用一个锤子钉所有钉子"，把所有问题都当作一种"钉子"去处理。但在创业的过程中所遇到的很多情况都是复杂多元的。

我们并不仅仅只有"锤子"这一个工具，我们的"工具箱"里其实还有"锯子""斧头""量角器"，把这些工具结合起来共同去处理一个问题，才能够快速实现增值，这也是我们投资想要达到的理想效果。

查理·芒格的多元思维模型中所包括的复利原理、排列组合原理其实都是资产配置中需要运用到的基本原理。在选择项目的时候，就需要用到决策树理论，当然这背后也涉及心理学、经济学和会计学的知识。所以懂得更多的思维模型，才能更好地解决世界上各种增值复杂的情况，无论对于初创企业的创始人而言，还是对于投资人而言，都是如此。

三元学习法快速入行

初学者如何快速进入投资领域，推荐大家运用"三元学习法"。

所谓三元学习法，就是线上选择这个领域两位最厉害的"大咖"去学习理论知识，线下选择身边能接触到的最厉害的人，去接受其辅导并进行实践。作为一个初学者，想要了解一个领域，就要了解这个领域的两座"高峰"。如我们以国外的巴菲特和国内的沈南鹏作为标杆。从巴菲特身上，我们能看到投资好企业的 5 个准则：

- 选择能被看懂并且在自己认知能力范围内的业务。
- 选择拥有良好的长期前景的公司。
- 好的公司治理和管理层。

● 拥有持续稳定的经营历史和好的财务表现。

● 拥有一个好的价格和安全边际，值得买入。

沈南鹏曾经提到自己的投资标准："一个项目是否值得投资，我有三个判断标准，即创始团队是否优秀、产品市场空间是否足够大、公司未来的商业模式是否有吸引力。这三个标准十多年以来没什么变化。"

在沈南鹏身上，我们看到了创始团队、产品市场空间和公司未来的商业模式的重要性。

在选择线下学习对象上，启赋资本投资总监龙志成为我们讲述了他的经验。他向同公司的副总傅哲宽学习实战经验。在实践辅导过程中，龙志成意识到了团队、产品和方向的重要性，并整理了一张从团队、方向、进展这三个方面进行评估的量化表，在每一次项目评估中都能用到（见表4-1）。

表4-1 团队、方向、进展评估

综合分值	团队（40%）	方向（30%）	进展（30%）	轮次	估值（元）
8.41	8.5	8.2	8.5	Pre-A轮	8000万
8.07	7.8	8.2	8.3	天使	8000万
8.05	8.5	8	7.5	A轮	约合1.82亿
7.47	7.8	7.5	7	A轮	2.5亿
7.42	8.2	7.3	6.5	Pre-A轮	8000万
7.31	6.8	7.8	7.5	天使	4000万~6000万
7.27	7.3	7.5	7	A轮	5亿~7亿
6.85	7	7.5	6	天使	4000万
6.5	6.5	7	6	A轮	<2亿

创业者眼中的投资三要素

确定了创业的基本方向，接下来就需要解决融资问题。在创业初期如何获得融资，创业者需要把握投资三要素：安全性、收益性与流动性。

首先，投资最关键的一步是不要亏钱，所以安全性是投资最关键的要素。安全性本身是有一个排序的，其中，项目的安全性最低，可能几个月它就被新的品牌替换掉了。一个上市公司的平均寿命可能也只有几十年，它的安全性也不高。创始人的存在时间是相对较长的，其安全性较高，一个公司成立了或一个项目做失败了，调整一下他还能重新开始，这也是我们在做投资时最看重创始人的原因。

其次，是收益性。收益性往往是投资人最关心的问题。投资人在研究某项产品或购买投资产品的时候常常追求收益的最大化。要实现高收益，主要取决于三个因素，分别是市场大、高增长和估值低。一个项目值不值得投资，高增长是最重要的驱动因素，而估值和市场只是限制因素。

最后，是流动性，机构一般有三种退出方式，分别是IPO、并购和回购，其中回报率最高的是IPO。采用IPO这种方式，上市公司需要定期向监管部门和社会公众公布自己的财务状况，这就大大增加了公司借款的灵活性，公司可以灵活地调整其财务结构，以适应金融市场不断变化的需要。同时，财务的公开增强了公众对公司的信任度，大大拓宽了融资渠道。

投资的三要素缺一不可，并且相互制约、相互影响。

评估投资资产的收益性、安全性、流动性，都应当将投资资产作为一个整体来考虑，不应只考虑某一个因素。只要把握住投资的这三要素，进一步分析各个要素的重要性，找到三要素的最优组合，就能抓住正确的方向。

创业和投资看似高不可攀，实则有内在的规律可循。拥抱整个行业的大趋势，在顺势而为的前提下专注细分行业。同时向线上、线下的行业"大咖"学习更多思维模式，掌握更多数据，不断实现思维方式的转换。再结合产业判断小趋势，抓住安全性、收益性和流动性等企业的核心脉络，就能逐渐掌握这个行业的运作规律。

这些法律风险的"坑"可千万别碰

在企业初创、发展过程中，资本扮演了最重要的角色。民间借贷、抵押贷款、天使投资、互联网金融、私募基金、新三板挂牌、IPO上市……企业无时无刻不在与资本打交道。

在资本的加持下，风险与收益并存，对于投资人而言，在投资新设公司、股权转让、增资扩股、合并、分立、上市公司收购、重大资产重组、破产重整和清算注销的各个环节都面临着不同的法律风险。

投资新设公司的法律风险

投资人在投资新设公司时，常常面临着因持股比例不当而使公司陷入僵局的风险。

通常来说，持股比例不当主要有四种表现形式，即股东持股比例过于均衡、夫妻股东、股权过于集中、家族企业找人做挂名股东。

第一种情况，股东持股比例过于均衡。以真功夫为例，无论在创业初期，还是在引入了 PE 之后，其两个大股东的股权都是分别持有 50%，到了引入资本投资基金之后也是如此，这就直接导致了真功夫没有办法形成一个有效的股东会决议。

在《中华人民共和国公司法》（简称《公司法》）中，除了《公司法》明确约定要 2/3 以上股东决议通过才能通过的情况，一般都是由公司章程来进行约定的。在大多数情况下，公司章程都会规定股东会决议是过半数股东通过，像真功夫这种情况，两个股东的持股比例完全相同，就很难在股东会决议上达成一致。

第二种情况，夫妻股东。所谓夫妻股东，就是丈夫和妻子两人的持股比例之和达到 100%。夫妻股东公司的优点在于不会出现公司僵局。

但它的缺点也显而易见，首先，它的公和私是很难分清楚的，财产会存在混同的情况。一旦夫妻的财产和公司财产出现混同，那么就存在着公司法人人格被否定的法律风险。公司法人人格一旦被否定，这对夫妻就要对公司的债务承担无限连带责任。其次，当夫妻感情不和的时候，有可能随之而来的就是股权争夺战和对公司的控制权争夺战。

第三种情况，股权过于集中。在一股独大、一股独霸的情况下，董事会、监事会和股东会就形同虚设了。企业采用传统的一言堂、家长式的管理模式，在进入规模化、多元化的经营以后，很容易因为缺乏制衡机制，增加决策失误的可能性，企业所承担的风险也会相应地增加。

第四种情况，家族企业找人做挂名股东。这种情况在家族企业中十分常见。有的家族企业倾向于选择家族成员做代持，但是这种代持往往依托于口头约定，没有书面的代持协议。一旦出现家庭矛盾，真正享有股权的股东很难证明这个股权就是自己的，这也会使公司陷入僵局。

想要预防和破解僵局，企业需要聘请专业的律师就其股权架构出具法律意见。一个好的股权架构具有简单、明晰的特征，存在一个核心股东，并且能够实现股东之间的信任合作和资源互补。

同时，企业要充分利用公司章程中的自治条款，将股东的"权"和"利"分好，并提前预设股东退出条款，在章程中给予某个人最终决定权，并且将具体方法因事、因时区别设计并不断优化。

股权转让的法律风险

股权转让的法律风险主要有以下几种：有限公司股权存在权利限制、受让未实缴的股权，股权受让人需承担连带责任的风险；标的股权存在股权代持，标的股权未取得目标公司其他股东同意的风险；股权转让在过渡期的风险。

《公司法》对于有限责任公司给予了很多自治的空间，出让方出让的股权存在权利瑕疵，如表决权受到限制等，将导致收购交易出现本质上的风险。

公司在股权投资过程中，应全面了解所受让股权情况，对其进行全面的尽调，对股东拥有的权利状况进行核查，确定标的股权是否存在表决权受限等权利限制的情况。

在受让未实缴的股权，股权受让人需要承担连带责任的情况下，在股权转让过程中，股东是否全面履行了出资义务，是否存在"出资不实、虚假出资、抽逃出资"的情形，股权转让双方均应充分重视并根据实际情况，由专业律师进行法律设计和处理，以避免股权转让后的法律责任。

如果投资人知道标的股权存在股权代持或未能同时满足受让人善意、合理价格买入、完成变更登记等要件，则显名股东未经隐名股东同意擅自转让股权的，存在股权转让行为因被隐名股东追责而无效的法律风险。

在进行股权投资时，应对标的股权是否存在代持进行翔实的尽调，并且可以在股权转让协议中约定，股权转让方为标的股权的有权处分人，如因股权转让人的原因致使股权无法转让的，需对投资人进行赔偿。

当有可能面对股权受让方与股东签署的《股权转让协议》存在被法院认定为无效的法律风险时，在对有限公司进行股权投资时应通知其他股东，并取得其他股东同意股权转让的股东会决议及标的公司其他股东放弃优先认购权的承诺。

股权转让过渡期可能存在以下三种风险：

第一种是管理层及员工不配合股权交割的风险。

第二种是工商变更及政府主管部门审批的风险。

第三种是过度积累目标公司资产和负债发生的变化，并且这种变化导致投资人投资这个公司的股权的目的无法实现。

因此在过渡期，企业应当设定股权转让协议生效的前置条件，在过渡期内，受让方应参与标的企业经营，同时采取股权价款分期支付的方式，分步受让股权，剩余股权进行质押模式。

其他流程上的法律风险

除了初始投资与股权转让，在公司发展过程中经历的增资扩股、收购和重大资产重组等环节也面临着潜在的法律风险。

在增资扩股过程中，企业可能面临投资人与目标公司或目标公司原股东对赌、股东抽逃出资、因侵犯原股东优先认购权而被认定增资无效、国有企业未履行规定程序进行增资可能导致增资无效等风险。

在上市公司被收购的过程中，存在收购人不符合规定的主体资格条件，收购人和被收购人在上市公司的收购和相关股份权益变动活动中违反信息披露义务，被收购公司的控股股东或实际控制人滥用股东权利，收购人不聘请具有从事财务顾问业务资格的专业机构担任财务顾问等情况，都会影响收购结果。

在企业进行重大资产重组时，未按规定履行相关义务或程序，可能存在擅自实施重大资产重组、定价显失公允、不正当利益输送或重大资产重组不符合相关法律法规要求等法律风险，损害公司、投资人合法权益。

防范法律风险不能走一步看一步，而是应当构建全流程防范体系，做好投资项目的事前、事中和事后的全流程监管。在投资前，投资人应当对目标企业及股东进行尽职调查。在投资过程中不断完善投融资协议，建立投后监管体系并约定争议解决的方式。在投资成功后，应当及时将融资用途限定在企业生产经营方面，积极稳妥地处理双方产生的纠纷。

数智时代品牌塑造四要素

品牌塑造的四个核心维度

当一个品牌从一个想法开始到产品落地、再到品牌的商业化，在整个品牌生命塑造中，品牌方会遇到很多问题与困惑，这些困惑归结起来有四个维度：

第一个维度是行业维度，即如何对行业进行选择。因为对于行业的选择是品牌塑造过程的奠基石，所以很多企业会对选择哪一类目、要切入这个类目的哪个细分品类及选择这个消费品类目的逻辑是什么等问题产生困惑。

第二个维度是产品维度，即如何选择细分的产品。在这个维度，企业要思考该做什么产品，为什么要做这个产品及怎样做这个产品才具有竞争力。

第三个维度是营销维度，即如何进行产品营销。在这个维度，企业要思考品牌的销售渠道在哪里，种子用户和粉丝到哪里去找，该怎样精准地找到产品的粉丝和用户及产品的销售场景在哪里。

第四个维度是运营维度，即怎样选择运营策略。在这个维度，企业要思考产品该主打什么场景、该怎样更高效地转化流量及在这个场景里产品的价格策略。

接下来，我们可以围绕上文提出的品牌塑造的四个核心维度，以芳香产业为例做出分析。

现在整个泛芳香产业的产值过千亿元，主要包括护肤品、植物精油、面霜、香皂等产品，且产值都过百亿元。其中，植物精油有 90 亿元左右的体量，并且年增长率超过 20%。所以，针对如此大规模并且高增长的行业，可以考虑通过电商平台去进行营销，那么，第一步要分析电商平台，考虑场景数据化的驱动。

通过数据分析可知，植物精油在京东的月度销售额达到了 3000 万～4000 万元，增长率超过了 100%。月度购买户数达到了 15 万～ 20 万家，同比增长率达到了 90%。月度的商家户数也达到了 1400 ～ 1500 家，同比增长率达到了 50%。我们看到，这个细分品类在电商平台没有特别大的竞争对手，所以当一个细分品类的竞争品牌特别多时，如它有上万家竞品，我们建议就不要切进去了。

在品牌塑造的过程中，企业会遇到各种问题，我们已经将这些问题归纳入四个难度，现在，我们提出品牌塑造四要素，一一对应四个维度解决问题。

第一个要素是产品的塑造。首先要确定产品的核心卖点，包括该产品面对的核心人群与使用场景。其次要围绕产品的核心卖点去打造品牌名称、品牌定位、品牌故事、品牌调性、品牌的 VI 设计。

第二个要素是产品的供应链。要确保供应链能输出高质量的商品。因为只有保证了产品的品质、产能、稳定性、产品的价格，后期才有更多的操作空间，相较于竞品才能有更多的优势。

第三个要素是品牌运营。在这个要素下可以通过明星代言、网络广告投放、短视频、直播等方式迅速建立品牌的垂直流量池，这样就可以将品牌信息精准又快速地送达用户。

第四个要素是渠道销售。当前市场的渠道销售主要分为线上销售与线下销售两种。线上销售的主流渠道包括京东、天猫和拼多多；垂直的销售渠道包括云集、网易严选和唯品会；内容电商平台主要有抖音、快手等短视频平台。线下销售的渠道主要包括代理商和商超连锁。

接下来介绍两个案例，来具体介绍品牌的建立要素。

第一个品牌为"单身粮"。在产品的塑造方面，单身粮的品牌定位清晰且明确，对标单身人群，在供应链方面，由国内龙头企业白象负责生产，白象是 20 年稳定品质产品供应大厂，能引起青年共鸣。

在品牌运营方面，单身粮通过今日头条、抖音、公众号进行精准的大数据品牌营销，获得购买用户。

在渠道销售方面，单身粮线上主要通过京东、天猫等平台进行销售，线下则通过商超连锁、代理商进行销售。

第二个品牌为"疯兔盒子"。在产品的塑造方面，疯兔盒子汇聚了全球各地的零食产品，在年轻人市场很受欢迎。

在供应链方面，疯兔盒子由国外供应商供应，100%进口，其产品、供应链和产能都十分稳定。

在品牌运营方面，疯兔盒子的切入点是 18～30 岁年轻人零食礼物市场，对标垂直的流量池，还拥有创意的包装设计，所以深受年轻人喜爱。

在渠道销售方面，疯兔盒子主要在天猫进行线上销售。

成功品牌的塑造过程

在理解了品牌塑造的四要素之后，我们来具体看看一个成功的品牌是如何塑造出来的。

第一步，进行产品塑造。

首先，在产品塑造的前期，要通过分析产品可能的交易场景数据，选择产品的细分品类。通过分析确定产品的主打交易场景后，针对交易场景的数据，如竞品分析、大盘、用户、价格等进行多维度的分析。

其次，根据自有资源及优势选择切入的细分品类市场。对品牌进行梳理与定义的创建，对细分品类市场进行研究。

最后，对产品进行包装，主要包括品牌定位语、核心价值、品牌的个性、故事、口号，还有 VI 设计与 IP 创建。

我们通过一个品牌案例来加深对品牌塑造的理解。这个品牌为"关二哥"，是一个理容品牌。关二哥在品牌塑造前期进行的市场分析，主要围绕男性理容消费市场。针对这一市场主要是因为男性理容消费市场的竞品相对较少，且没有头部品牌，但市场的需求大、增长快，急需一个垂直的男性品牌。所以该品牌定位于都市潮流人士与商务人士，相较于同类型的产品，更加专业化与垂直化，并且价格也更低，性价比极高。

在为关二哥赋予产品故事、进行 IP 打造方面，关二哥专注于男士理容，品牌灵感来源于澳洲艺术家的后现代作品，是东方英雄人物与西方思维碰撞而出的男士理容品牌。

关二哥最重要的一点是洞察了用户的消费需求，寻找到了用户使用场景的痛点。针对商务人士、都市雅痞人士、脱发人士，进行产品定制。

在 VI 设计上，关二哥设计了一个明确、有竞争力的 VI，产品 VI 设计还获得了德国 IF 设计大奖。

第二步，进行品牌运营，即品牌传播与站外流量的获取。

目前，品牌运营的主要方式是通过广告营销，这样可以提高品牌知名度，获取粉丝和流量。广告营销有许多形式，我们主要介绍五种。

第一种广告营销形式是软文种草，即通过小红书、微博等平台进行 KOC、KOL 软文种草。这在运营前期是很有效的营销方式，通过与 KOC、KOL 合作，进行软文推广，可以很快地打出品牌知名度。

第二种广告营销形式是通过抖音、快手等热门直播平台，进行带货直播。这种广告营销形式的优势在于不仅可以寻求头部主播合作，如李佳琦、薇娅、罗永浩等，提升产品的流量效益与广告效益，而且可以建立产品的流量矩阵，通过寻求大量有相关产品推广经历的主播，筛选出适合长期合作的主播，建立自己的流量矩阵。此外，还可以与垂直领域的短视频博主展开商务合作，进行内容投放、广告植入，这样可以有很好的流量转化效果。

第三种广告营销形式是明星带货直播。我们不建议中小品牌在前期使用这种形式，当产品量到达了一定的节点时，再寻求相匹配的明星进行合作。

第四种广告营销形式是在垂直流量池中进行广告投放，进行跨界品牌联合。我们不建议小品牌在大平台或分散的平台投放，应该选择在垂直的流量平台进行精准的广告投放，广告投放的效果会很明显。

第五种广告营销形式是与 CPS 平台进行合作。这样品牌可以快速地进行广告推广、资源整合，还可以进行快速的传播和流量获取。

成功营销的关键在于用户流量的获取，接下来为大家介绍如何在营销阶段获取站外流量。

站外流量的获取主要是通过垂直的媒介矩阵。京东、淘宝的直播运营服务完善，还拥有李佳琦、薇娅等头部主播与其他腰部主播。此外，还可以选择在第三方直播，与短视频平台、MCN 机构达人、明星传媒机构进行合作。

通过以上两种方式，可以将垂直媒体矩阵与产品高度结合，打造属于品牌的闭环流量池。

第三步，选择销售渠道。

到了品牌塑造的后期，选择合适的销售渠道很重要，合适的销售渠道可以助力产品更高效地销售出去。

现在市场上主要的销售渠道分三种：

第一种是主流综合性电商平台。这类平台主要包括拥有 8 亿用户、6.5 万亿元 GMV 的淘系；拥有 3.9 亿用户、2 万亿元 GMV 的京东等。

第二种是垂直类电商平台。这类平台主要面向某一类人群或小群体，用户和产品属性较垂直，体量较小，如唯品会、网易严选等。

第三种是内容电商平台。这类平台不以电商为基础，而以内容为基础。当积累大量用户后，形成电商场景进行交易，多以短视频、文章、直播等形式呈现，如快手、抖音、小红书。

前文介绍了平台站外流量，下面再来介绍一下平台站内流量。

平台站内流量主要分为四种：

第一种是自然流量，这是客户通过移动端或 PC 端在京东平台通过品牌词或品类词搜索产生的流量和通过购物车、关注等方式进入的流量。

第二种是付费流量，主要包括京东快车站内关键词搜索、展现、购物触点与京东海投和京东站外投放。

第三种是活动流量，主要包括店铺日常活动与节日活动的流量。

第四种是内容流量，主要是通过平台的 KOC、KOL 进行种草推荐和新品评测所带来的。

新时代下的自媒体创业

新媒体行业就像一座围城。外面的人看着其表面的光鲜亮丽，蜂拥而至；里面的人日复一日地写文章、拍视频却收益惨淡，想要逃离。

以往靠鸡汤和段子随随便便就能收割流量的时代已经过去了。经历了跑马圈地、野蛮生长的上半场，自媒体行业进入了精耕细作、优胜劣汰的下半场，从争夺流量和阅读量走上了提升价值与服务的发展路径。

当媒体间争夺用户的竞争日益激烈，当用户的阅读时长已经达到了上限，自媒体创业面临着两个亟待解决的难题——如何获得更多的粉丝? 如何不被粉丝遗忘?

从"小农思维"到商业思维

做自媒体，最重要的是要培养矩阵思维。

当一个号可以赚钱的时候，通过把这个号从 10 万粉丝做到 100 万粉丝，指望收入能涨 10 倍，这个事情是非常困难的。但如果复制出第二个 10 万粉丝的账号、第三个 10 万粉丝的账号，然后形成一个庞大的自媒体矩阵，只要总的思路和方向不出现很大的偏差，后面账号的收入水平和第一个账号是差不多的，那么收入的成倍提升就成为一件很容易的事情。

如何打造自媒体矩阵？6 个月实现 1000 万粉丝增长的媒体从业者、深圳市超量星球网络科技有限公司（创业海盗）创始人晴矢最初选择的方式是通过互推和群推不断增加文章的曝光量。当时，他的思维是能够不花钱就不花钱，用最低的成本获得最多的粉丝。而晴矢认识的一位同行，直接用一两百万元的价格就拿到了 500 万的股票类公众号的粉丝。这种直接用钱快速获得粉丝的方式让他迅速抓住了公众号发展的红利期，用广告收入填补了获取粉丝的这部分支出，而晴矢的公众号却因为发展速度相对缓慢，错过了风口。

通过运营的方式去"囤"粉丝，是一种"小农思维"，这个过程需要付出巨大的时间成本和资源置换的精力，成长的速度非常慢，也可能因此错过公众号发展的红利期。而通过投放的方式去买粉丝，迅速地获得目标粉丝群体，这才是商业思维。因此在运营自媒体账号时，如果可以付费投放的话，那么最好不要追求免费，免费的有时候或许是"最贵"的。

从广告平台到变现终端

做自媒体，不能把自己完全当成媒体。

因为媒体的变现渠道是比较单一的。大多数的自媒体都选择广告作为变现渠道，但是广告业务的变现效率非常低，它的本质其实是卖流量，多多少少都会降低粉丝的黏性。如果没有持续获取新粉丝的能力，那么公众号的商业价值会越来越低，口碑也会受到损害。

公众号每个月发布文章的篇数都是有上限的。订阅号每个月最多能发 30 篇，服务号每个月只能发 4 条，这就意味着广告不可能无限量地发，并且也无法保证每天都能有广告发，所以广告收入的上限非常明显。

把自媒体和公众号当作流量渠道是变现的一个新思路。例如，罗辑思维通过广点通买量，迅速完成了最初公众号粉丝的积累，成了一个拥有 1000 万粉丝的公众号。但他并没有止步于此，而是开创了一个新的赛道，这个赛道就叫作知识付费。在这个基础上，罗永浩又推出了得到 App，提供课程、电子书、得到训练营等多种服务实现流量变现，实现了收入的成倍增长。

因此，自媒体一定要打造自己的变现终端，不要把自己局限在一个广告平台中，越往上游走，能赚到的钱才会越多。

从打造爆品到打造标品

做自媒体，要摈弃传统的爆品思维。

爆品意味着迅速传播的名气、巨量的粉丝关注和可观的广告收入，打造出一款爆品始终是自媒体平台梦寐以求的事情。爆品思维有它合理的一面，"爆"是在媒体内容竞争白热化的阶段，迅速撬动市场的一个杠杆，是快速获得曝光度的捷径。但"爆"的效应是转瞬即逝的，如果自媒体想要获得持续的成功，还需要秉承一种标品思维，也就是把爆品做成标品。

很多时候我们会发现，一篇文章在微博、朋友圈刷屏，取得了非常好的传播效果。但产生影响力的仅仅是这篇文章，自媒体账号依旧无人问津。创作者本身是没有办法通过内容持续变现的，只有保证可以持续地做出爆品才能赚钱。

这种现象在抖音里非常明显。把一个视频做成爆品是没有用的，你只会被其他的账号模仿，自身的商业价值是没有提升的。只有不断地出作品、出爆款，才能提升粉丝的黏性，这个账号才有商业价值，卖货和广告的机会才会找上门来。爆品思维要求的是内容的创新，但标品思维要求的是团队的整体组织功能。如果不把思维转变过来，辛辛苦苦打造出来的爆品吸引的也只是无效粉丝。

晴矢把粉丝分为五类。第一类是负一级的粉丝，也就是我们通常说的"黑粉"，他们主要是挑刺和批评你。第二类是零级的粉丝，大多数是平台导流过来的，他不知道你是谁，也不知道你做什么，比僵尸粉稍微强一点。第三类是一级的粉丝，一级的粉丝大概知道你擅长什么领域，是通过某一热门内容关注过来的。第四类是二级的粉丝，他们知道你是某个领域内的达人，也部分认可你的能力，但是算不上喜欢你。第五类是三、四、五级的粉丝。三级、四级粉丝是比较有价值的粉丝，他们关注你的时间大多超过半年以上，会把你的意见作为重要的参考。五级的粉丝，也就是我们所说的"脑残粉"，他们会完全认同你的所有意见。三、四、五级粉丝是能提升账号商业价值的粉丝，即在做裂变的时候，应该重点关注的粉丝群体。

　　自媒体创业不要一味追求所谓的创新，如果你的目标不是改变世界，那么最好的方式不是创新，而是模仿。在粉丝裂变、流量变现上其实有很多经验可以模仿，模仿并不意味着原封不动地照搬，而是根据自己的实际情况去做微创新。站在巨人的肩膀上，自媒体会成长得更快。

Chapter 5

第五章

数智时代投资方法论（一）
——洞悉内在逻辑

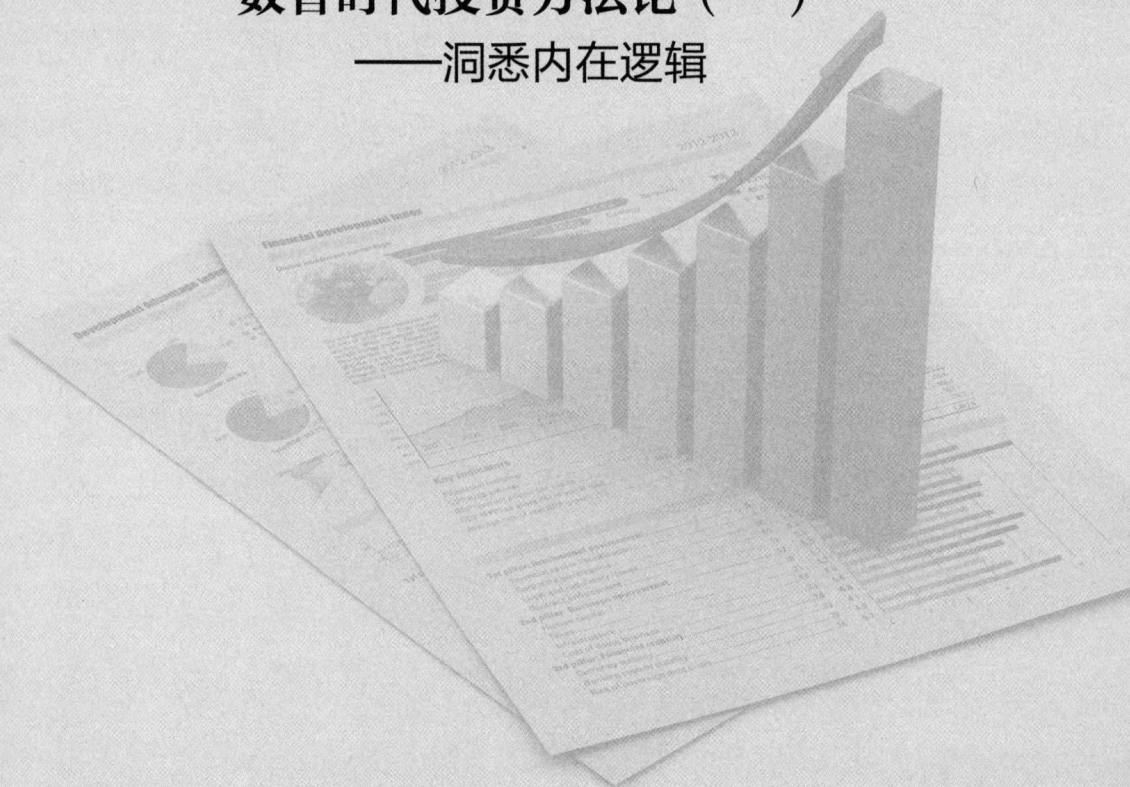

把握底层逻辑才能赢得未来

"一千个人眼中有一千个哈姆雷特。"

对于科幻小说家而言，他们常常用文字描述对未来的想象如"雨后潮湿的街道上各色霓虹灯散发着变换的光""人类和机器人神色匆匆并排走在喧嚣的街道上""天空上一个个圆盘状的飞行汽车快速穿过林立的高楼大厦""等待通行的时间里，眼前的视网膜屏幕常常可以见到太空酒店投放的花样广告"等。

机器人、飞行汽车、太空旅行……这些科幻小说里常常提及的标志性元素总是让人心驰神往。

野草创投创始合伙人李赫然便是这样一位心驰神往于硬科技领域的投资人。从 2019 年创办野草创投至今，他投资了一系列和未来及硬科技有关的项目，包括以机器人技术为代表的神工科技、启玄科技，以 AI 应用为代表的宇泛智能，以商业航天为代表的星河动力等。不过，正如科幻小说里所描述的未来一般，具象化的科幻场景离我们太过遥远，需要花费 10 年、50 年甚至是 100 年的时间去等待。李赫然认为，硬科技领域的投资同样也需要时间去等待，它很难在短时间内开花结果，因此需要"长期陪伴，不断加码"。

深入学习行业底层理论，独立判断行业未来方向

"长期陪伴企业成长"这一投资理念并非昙花一现，而是很早以前就已经存在于李赫然的脑海中。之前，李赫然一直在北京大学深造，博士阶段师从国内经济界泰斗厉以宁先生，主攻国民经济系博士学位。他在读书期间便以个人股东的身份陆续投资了一些企业。基于个人的责任感和成长经历，加之受到厉以宁先生的影响，李赫然在求学过程中就逐渐形成了"长期陪伴企业成长"的投资理念。

在他看来，过去 20 年是房地产和金融业的时代，未来则是硬科技的时代。在这样的大背景下，通过投资的方式长期陪伴企业成长，一方面能够帮助其更好地发展，另一方面能够支持国家产业结构的调整和升级，从而为国家发展做出贡献。

虽然"长期陪伴企业成长"的想法很好，但要付诸实践却并非易事。要选对能够长期陪伴的企业，首先要了解企业所处的行业。行业发展大趋势不难判断，但如何真正把握行业发展的规律及未来可能的细分化发展方向则需要进行深入研究和探讨。

为此，李赫然带领野草创投总结出"从 0 到 1 要稳扎稳打"的理论。他认为，在硬科技领域，要把握行业脉搏和行业发展规律，先要对其科技底层理论、逻辑和技术框架有独到和深入的见解，因此不能盲目追踪热点和潮流，也不能盲目投资相关的行业企业，而是应当走慢一点，在深入理解行业的基础理论后再进行投资。

为了实现这个目标，野草创投创立了独特的内部行研机制，即投资团队的每位成员深入阅读相关的理论文献，并基于底层理论对比不同的

技术路线发展方向，进而得出自己的判断和结论。李赫然表示，"这种结论必须是在思考底层逻辑后，通过自己的独立判断得出来的，绝对不能是别人将现有的材料给我们，我们再二次消化后得出的"。深入理解行业的基础理论、独立判断行业趋势和布局的代表性示例就是对 AI 赛道的研究。经过几年的发展，国内 AI 已经从"上半场"走向"下半场"，"上半场"是底层技术、底层理论、产品的公司在领跑，"下半场"则是落地应用的主场，即不同场景结合 AI 发展出来的不同需求。

如今，越来越多的科技企业加入 AI 落地应用的"大军"当中，诸多投资机构也纷纷下场投资 AI 的落地应用。李赫然和野草创投团队在对 AI 的底层理论和发展方向进行分析后认为，目前虽然"下半场"商业机会更大，但这并不意味着"上半场"潜力消失，相反，AI 在底层理论发展架构方面依然存在很大的突破空间。他们认为，现在所谓的"深度学习"依然依赖于人为给定的条件和约束，而真正的"深度学习"应该如同人脑一般，能够进行自主分析和学习，拥有自我意识。

深入行业底层核心的分析和探讨让野草创投的投资思维更加开阔。李赫然认为，目前关注底层理论的 AI 公司依然比较少，因此对投资人来说，通过深度学习底层理论继而运用大数据、云计算把 AI 变成人脑式的、具有个人思维的智能便是一个机会。因此，野草创投目前正在积极谋求底层理论技术领域的布局，并相信底层理论在未来有巨大的发展潜力。

基于此，野草创投投资了宇泛智能——一家全场景智慧城市 AIoT 服务商。宇泛智能专注于泛安防领域的长尾市场，以 AI、IoT、Edge 为核心，为其提供"一站式"物联网智能视觉解决方案，范围覆盖社区、办公、商业、校园、酒店、工地等诸多场景。在获得资本加注和支持后，宇泛智能的业务得到了迅猛增长。

瞄准市场痛点需求，找准行业细分赛道

要想找到真正值得陪伴其成长的企业，还需要瞄准市场的需求，找准细分赛道，这一点在野草创投对机器人领域的投资上体现得尤为明显。

和大众的认知有所不同，从外形角度来看，相较于科幻电影或小说家笔下那些与人类别无二致的、能够全能服务于人类的人型机器人，当下的机器人革新主要集中于工业生产领域，其外表更像是工业生产设备或高端的机械臂、机械手。从应用角度来看，机器人在国内的应用已经越来越普遍。国际机器人联合会发布报告显示，中国已经成为全球规模最大、增速最快的工业机器人市场，2020年中国工厂里的机器人数量为78.3万台，较2019年增长了21%。

日益扩大的市场需求让李赫然瞄准了"工业机器人"这片火热的投资市场，但与一些投资机构的不断出手投资不同，秉持"长期主义、价值投资"理念的李赫然在机器人领域表现得更为冷静。

机器人领域的投资，找准市场痛点需求，把握行业细分赛道尤为重要。因此，野草创投在服务机器人领域投资了启玄科技，在巡检机器人领域投资了超维科技，在工业机器人领域投资了神工科技。以被投企业神工科技为例，李赫然表示，这是一家聚焦于航空工业飞机制造及装配细分领域的公司，其核心产品应用于制孔装配领域。

在市场需求日益扩大、国内相关机器人制造商供应不足的大背景下，李赫然判断这样的细分领域必然会出现具有投资价值的企业。在和企业负责人、制造一线工人进行沟通了解后，他认为神工科技研制的机器人戳中了飞机制造市场的痛点——一是其售价只有同类型进口设备的1/5 左右；二是它实现了完全的自有知识产权并拥有保密资质，因而可以应用在军工等涉密领域；三是一线工人也认为其在实际应用中表现良好，能够实现打孔的检测定位，自动适应材料变化、监控刀具磨损或断刀等异常情况。

在做好决定后，野草创投于 2020 年协同英诺融科、上海浦东科技投资共同投资了北京神工科技有限公司，投资金额为 3300 万元。李赫然表示，野草创投能够给企业的支持都会给，将会尽自己最大的努力帮助企业进一步发展。

关注企业创始团队，做好投后相关赋能

李赫然认为，除了把握行业机遇、抓住细分赛道，要长期陪伴一家企业的成长，还需要关注企业自身的创始团队，因为其创始团队自身的能力在很大程度上决定着整个企业的未来。在硬科技领域，产品本身会随着时间的变化而产生巨大的不确定性，因此，即便在一定的时期内企业产品销售状况良好、财务数据良好，但如果企业不能跟上时代需求、不能在特定的时期内抓住行业风口，也很容易被时代淘汰。

李赫然喜欢选择"技术大牛 + 超级销售"或"技术大牛 + 行业老炮"这样的核心中早期团队。李赫然表示，"技术团队很重要，销售人员

也很重要。我们曾经遇到过纯'技术大牛'团队，虽然他们的产品非常有竞争力、成本也非常有优势，但在市场化推广的层面存在遗憾。如今市场越来越集中，如果创业团队不能快人一步走在前列，那机会只会越来越少"。

因此，李赫然不会轻易去投资，但一旦认定一个创业团队，认可一个优秀的项目，便会不遗余力去帮助其进一步发展，代表性事件就是2020年野草创投投资宇泛智能。

2020年，野草创投曾和其他一些资本机构同时关注到了宇泛智能。当时，宇泛智能正面临业务爆发的拐点，但由于春节期间供应链停产，公司必须得提前备货以保证供应充足，因此需要大量的资金投入。

但受新冠肺炎疫情影响，此前打算注资的机构纷纷退出，使得公司的财务负担越来越大。在流程上，SPA和SHA协议也因一些细节问题而导致拖延。出于对项目的看好，李赫然坚定地选择留下，并在线上与企业保持密切的联系，其身份也从跟投方变成领投方，并最终成了独投方。为了帮助企业尽快获得融资，野草创投还冒着很大的风险与宇泛智能签订了债转股协议。

李赫然表示，野草创投希望陪伴优秀企业共同成长。野草创投作为投资机构，不仅会站在更高的角度思考和判断行业的发展趋势，也会更为仔细地关注某个行业的新的产品线布局和该行业本身存在的挑战与竞争情况。这些思考和经验，野草创投团队会持续输出给创始团队，和其一起讨论未来的发展方向，并给予相关的支持和建议。

李赫然表示，"虽然野草创投目前的投资以早期阶段为主，但在中后期对产品团队有了更多的了解和更深入的合作后，继续加码是自然而然的事情。不论企业发展到什么阶段，野草创投都会给予企业全方位的行业资源，帮助企业进一步发展"。

哲学思维引导科技投资

与大部分技术出身的投资人不同，祥晖资本合伙人、执行董事刘林在研究生阶段的研究方向是国际关系中的国际政治经济学。

他的研究内容主要是第二次世界大战后日本科技工业的发展，通过对第二次世界大战后日本实体产业的梳理，厘清日本是如何在美国产业政策的引导下，以"雁形结构"串联起东南亚产业链，同时不断在本土精进基础研发与生产工艺，进而在国际产业分工中找到了自己的一席之地的。

这一过程的无数细节既让刘林找到了当代日本工业崛起的历史对中国现阶段发展实体产业的借鉴意义，又激发了他对实体产业发展的浓厚志趣。由于一级市场具备近距离参与实体产业发展的职业路径，毕业后，刘林选择把投资作为他职业生涯的起点。

在2015年，移动互联网进入"下半场"，社交、电商、游戏等核心生态位的格局已与今天并无二致，潜在的市场空间已然被开发殆尽。在移动互联网初显疲态的同时，硬科技领域迎来了前所未有的时代机遇。"工业4.0"等口号被确立为顶层设计中的国家行动纲领，为硬科技投资夯实了最坚实的政治基础，同时国内对于科技赋能的需求水涨船高，这条赛道也因此成为2015年左右绝大多数投资机构的必争之地。

在产业发展逻辑和现实业态的共同推动下，刘林选择将自己"投资"进了硬科技赛道。

刘林的投资哲学论

当部分技术派投资人还在追求技术的颠覆性和商业模式的营利性时，刘林却认为，日常对哲学、科技、政治、文化等宏观规律的研究积累才是思考投资的本体。

刘林表示，"从微观的视角看投资，看到的只是一家企业的生老病死，考察的主要是创业团队、原始技术、资金利用效率等内部因素。但若是想要寻找一家企业背后成长曲线的规律，则必然要去企业之外的宏观世界中找更多的影响因素。"通过长时间的投前跟踪和动辄7～10年的投资周期比较，刘林发现，影响企业发展更多的还是宏观因素——哲学、科技、政治、文化乃至物理法则都应涵盖在投资逻辑的半径之内。

现代科技发展的推动力主要源自自然科学和人文哲学的发展，以主观的先验认知能力和先天直观形式为基础，再从自然界的现象、经验中抽象出具有普遍必然性的知识，这一认知过程反复运用在物理、材料、生物等学科领域，尤其是对微观粒子特性的把握，是最近几十年科技产业创新的最主要原动力。它最终的发展目标是拓展人类对时间、空间、认知能力的前沿边界，这三者是人类社会穿越时间的永恒需求，也是所有硬科技投资者都不能回避的主航道。

具体来说，在时间上，通过对生命科学的研究提高人类的寿命上限和生活体验；在空间上，通过对能源与材料的研究，拓展人类在空间中的移动能力和物流能力，进而扩大人类生存空间的半径；在认知能力上，通过对数学、高能物理的研究，交叉提高算法与算力结合的综合性能，使其能够对客观现象进行更精准的感知探测和模拟计算，进而为满足人类创造新的知识、提高信息沟通效率、丰富精神娱乐生活等需求奠定物质基础。

刘林认为，在这样的逻辑框架下，投资人不会遗漏任何硬科技的主要赛道——最底层的技术驱动反映了人类社会最根本的发展需求，如今大部分硬科技投资也集中在生物医药、新能源、新材料、AI 算法、各种技术路径的芯片算力平台、传感器、通信技术等能够满足人类发展需求的范围内。

硬科技投资的三大布局

当前科技创新引领经济增长的动能显著放缓，增量不足而存量有限是这一时期国际产业链变化的主要导向。针对有限的蛋糕，凯恩斯主义抬头，国内外政治因素正不断加深对产业演化的影响与干涉，全球主要经济国家已经从对中低端产业转移与分配的争夺过渡到对高端产业的争夺。

高端产业因高毛利率、技术密集性、人才密集性的特点，更容易为东道国保护，也更不容易被国际金融资本把持。由于目前我国半导体产业面临"卡脖子"的技术问题，让刘林对国内高科技民族工业的发展与保护怀有更特殊的责任心，也让他更专注于寻找原始技术创新、核心技术进口替代的投资机会。

目前，刘林与祥晖资本的目光已经逐渐聚焦在半导体设备、半导体设计、AI三条主赛道上，并不断在核心技术、下一代关键应用场景方面进行超前布局。

其一是精投产业链中的"枢纽型"项目。这类项目往往是产业链上不可替代的、具有垄断效应的关键项目，通过这一个项目可以获得整个行业的入场券。同时这类项目的投资可以极大地体现机构的专业性，也在很大程度上提高了机构在该领域的话语权。

其二是精投具有重要产业资源背景的项目。这类项目的创始团队往往属于一个创业群体，如清华系、华为系、锐迪科系，通过一个项目的投资可以接触、打入关键的产业圈子中去，进而接触到更专业的项目、了解更前沿的行业信息。

其三是厚植聚落。在一级市场上，大量中小投资机构投而不管，而头部投资机构已经尝试联手上市公司、大型国企、大型产业资本，试图亲自做局，插手产业链的塑造，甚至直接下场配置管理团队介入实体企业的运营，从项目的全生命周期出发，一直扶持到终点。

中小投资机构在"子弹"有限的条件下，只能坚持精投关键项目并持续围绕其产业链进行上下游的投资，最终在一个细分领域中投出一个生态群，这种打法更能体现出差异化竞争优势，快速挤占商业丛林中诸多小聚落的生态位，尽量避开重资本热衷炒作的所谓明星赛道，布局更多不为人关注的隐藏冠军，择时择势，使投资的多个项目一起形成坚固的聚落壁垒，同时内部之间也构建出上下游的合作关系，让资本流、业务流甚至人员流在多个项目之间形成良性互动。

硬科技投资的"时"与"势"

科学的发展绝不是一蹴而就的，所以科技投资的择时择势非常重要。

科技树上的前置技术若尚未解锁，那么后置技术的大门是无法打开的。前置技术所需要投入的时间成本往往是以十年为周期进行积累的，对于前期科研投入巨大，后期也需要不断加码研发投入的硬科技行业，想要实现业绩和利润的增长，需要漫长的周期和十足的耐心。这也就决定了科技领域的投资必然要对科学发展的规律存有基本的敬畏，要尊重前置技术的探索，绝不能轻易奢谈"弯道超车"。

所以对于过度概念化的、未经规模化应用与工业化改造的实验室阶段的技术，刘林和祥晖资本仍然采取敬而远之的态度，他们更倾向于选择前进障碍已清、符合市场需求的产品模型，重点关注已得到印证、工业化改造完成及已经达到爆发临界点的赛道，力争投资时点极限贴近产业爆发点，以期每个项目都能紧紧控制在基金存续期内完成资金的回收。

在对于"势"的判断上，一个科技产品的生命周期开始之前，刘林会对其潜在的规模和延续的时间做出大致的分析，一方面是为了反复确认其得以广泛铺开的科技前置条件是否得到满足，另一方面是为了快速定位基准点，如半导体领域的晶体管集成度、电池领域的能量密度、弱AI领域的预训练模型参数规模、自动驾驶的L1~L5自动化水平等，这些指标不仅是评价同赛道不同企业技术水平的标尺，也是判断一条技术赛道生命周期长短的准绳。

以AI领域为例，刘林在选择进入这个赛道时，首先会对这项技术进行追本溯源的分析。"人类可以对AI抱有怎样的期待？AI依赖的哲学基础究竟是相关性还是因果性？在发展的过程中，AI与人类的分工合作是怎样的？AI的研究路线究竟是Human-inspired还是Human-like？如果这些前置的形而上的问题不在一开始得到彻底的解答，那必然会导致整个行业在错误的方向上兜圈子，空耗人力、资源和最宝贵的时间。而在四处碰壁之后我们已经定位到'可理解性'是AI亟待解决的最核心需求，从这个角度考虑我们就可以对AI的技术路线、技术水平进行重新校准。"

硬科技投资既不是炼金术也不是算命，更不是从一线下来的技术员或科学家单纯的认知变现，它是需要不断回望历史、哲学、科学、政治及宏观经济的高峰，在独立的思考中践证商业模式的判断，要学会利用时间这一关键变量巧妙地在产业生命周期中把握投资的"时"与"势"，从而最终形成具有前瞻性的宏大布局。

破除"内卷局"一个公式就够了

　　采访一个经济学者和采访投资人的体验是截然不同的。投资人是在跌宕起伏的市场洪流中寻找风口，而经济学者则站在更高处俯视洪流的走向。显然，增量研究院院长张奥平是后者。

　　2021 年对于投资行业而言绝对是不平凡的一年。一方面，反复的新冠肺炎疫情依旧作为关键因素决定着各行各业复工复产的情况和相应的货币及财政政策，并最终影响资本市场的估值和盈利。另一方面，人口和流量红利的消退、技术的迭代和升级以及居民消费习惯的改变都时刻影响着投资的风向，整个资本市场充满了不确定性。

　　对于如何在市场的不确定性中寻找价值增量，张奥平给出了这样一个公式：价值增量 = 动态环境 + 本源思维。循着这个公式，我们似乎更容易理解他的投资方法论。

用增量思维跳出存量陷阱

增量思维是张奥平针对目前投资行业存在的存量陷阱开出的药方。

投资行业的存量陷阱，指的是现有的市场资源无法满足投资机构的预期，投资机构为了争夺更多的资源而陷入无休止的内耗。从经济学的角度来理解，这相当于我们所说的边际效应递减，即当市场的产出达到饱和，投资机构虽继续投入生产要素，但其所带来的边际产量却在递减，这也导致了项目间"价格战"激烈、中小证券公司的生存空间被压缩以及投资人上升通道狭窄等诸多弊端。

2021年1月，南方电网旗下综合能源业务实施主体南网能源在中小板上市，首发募资总额10.61亿元，其保荐机构中建投证券的保荐承销费仅为815万元。无独有偶，3月，中金公司竞得嘉兴银行2021年永续债承销项目，最终报价仅为1万元。这样的价格无疑扰乱了正常的市场秩序，也为实力并不雄厚的中小证券公司带来了生存压力。

要跳出存量陷阱，大部分投资人可以有两个选择。一个是继续在存量市场深耕，另一个是寻找新的增量市场。但是，存量深耕并非易事，一方面，PE节奏越来越快，创投的募资规模也越来越大，整个行业的资金门槛自然越来越高。另一方面，头部机构拥有的资源能让其获得更多的关注度，而高关注度又会吸引更多的资金、人才和技术流入，带来高增长率和高转化率，最终形成强者恒强的竞争态势。因此，对于硬件设施相对薄弱的中小机构来说，想要在存量市场中获得一席之地是一个不小的挑战。

存量深耕并没有错，但深耕的对象一定是价值尚存的沃土，而非开发殆尽的荒地。市场上很多机构仅局限于投资这一个工具，投资的目标仅局限于几个短期风口，与头部的投资机构去争夺为数不多的资源。

张奥平认为这样的思维一定会让自己陷入存量陷阱当中。在这种环境里，能够生存下去的只有少数几个头部机构，大部分的小机构因为抢不到资源只能选择退出，而夹在中间的腰部投资人，要么"生"、要么"死"，没有第三个选择。张奥平说，"在我们整个市场当中，其实有广大的差异化市场存在，如果你找到了，那定能打出一个漂亮的翻身仗"。

去帮助企业找到新的差异化市场就是张奥平一直在做的事。他先后担任自然旋律、街景科技、星辉数控、管氏翅吧等数十家拟上市企业及新三板知名企业的资本顾问，为企业融资近 10 亿元。之后，他也将自己的目光投向了更广阔的市场领域。

新国货就是张奥平发现的新的市场领域。张奥平认为，新国货正在改变国产品牌"质量差""老土"的刻板印象，并引领国产品牌朝着时尚化、细分化的趋势发展。通过数字化营销转型、与传统文化元素融合等方式，新国货已经成了年轻一代追捧的"网红品牌"。李宁的国潮服装、故宫博物院出品的周边产品以及完美日记与博物馆合作的眼影盘都在年轻人中掀起了一阵话题。张奥平认为，新国货其实覆盖了消费者衣食住行的方方面面，在这一领域投资必然大有可为。

在动态环境中抓住时代机遇

具备了增量思维，还需要弄清动态环境的发展趋势。

张奥平所提出的动态环境，并不仅仅是指行业内部的变动，更重要的其实是宏观经济状况、中观行业发展趋势及微观的竞争格局共同构筑的立体环境。

在长达一个半小时的采访里，张奥平不断强调理解投资的两大利器——宏观经济和资本市场。大学期间在证券公司研究院进行宏观研究的实习经历，让他养成了宏观优先的基础性思维。在选择项目之前，他首先考虑的就是宏观经济能不能成为行业和项目的加速器。

张奥平用了一个"商业计划书"的比喻让我们可以更直观地理解宏观经济的意义。他认为，除了项目有自己的商业计划书，整个大的宏观经济体其实也有自己的"商业计划书"。他把政府工作报告看作短期（1年）的商业计划书，十四五规划是中期（5年）的商业计划书，而2035年远景目标则是长期（15年）的商业计划书。他强调，"这几份'商业计划书'其实就能反映出宏观层面的一个大的趋势，而这个大的趋势是一定不能违背的，不能反着走，必须得顺着走，只有这样，我们才能够看到当中很多的商业机会"。

如果没有掌握好宏观的大趋势，那在进行具体的业务操作时就很容易被趋势所影响。比如，受新冠肺炎疫情影响，2020年全球经济体的货币政策都相对宽松，货币政策宽松就一定会推升风险类资产的价格，其在新兴科技领域的估值也一定会得到提升，就像苹果、微软、谷歌、特斯拉等公司的市值在2020年都一路提升一样。2021年整体呈现一个货币边际收紧的态势，整体的估值一定会从二级市场再穿透过一级市场，最终产生估值的下跌。所以，宏观的意义其实就是具体在某些行业当中，它会通过调整货币政策来影响我们投资的估值和PE。

"很多国内地方性的企业家或一线城市的新兴创业者，在做股权融资的时候都没有形成一个很好的思路。如果一个企业想做股权融资，一定需要整体规划的分步实施。"然而，很多投资者在操作具体的项目时，通常都更加重视微观层面的细节，把宏观环境反而看得很遥远、很抽象。

其实宏观环境是很容易具体下来的。只要理解了前面所提到的三份国家的"商业计划书"，再结合自己的企业和选择的投资方向，就很容易发现在 1 年内、5 年内甚至 15 年内国家会对哪些行业有重大扶持，确定企业的整体规划也就变得轻而易举了。有了整体规划，下一步就需要在中观层面上研究清楚整个行业的发展趋势。每一年一级股权市场中某个行业的股权融资数量，就预示了这个行业未来三年的行业发展格局。这些在一级市场大量融资的企业，其实也就是行业发展的先行指标，抓住它们就能抓住各个行业中的发展机会。最后再从企业内部出发，弄清企业发展的内生动力，制定相应的商业模式，再通过逐步调整和优化，最终找到投资的最优解。

用本源思维看清趋势本质

新科技和新消费是目前张奥平重点关注的领域，也是近几年投资行业的热门话题，但不同的投资人对"新"的定义却千差万别。如何去理解这个"新"，张奥平认为需要利用本源思维去思考。

对待一个项目，仅看清它的本质是不够的，因为本质会随着时间的推移及动态环境的变化而有所调整。本源思维指的就是要从源头去思考事物本质的价值，也就是要弄清某个项目到底是为什么而产生以及它到底会产生什么样的价值。

以新消费为例，所谓新消费其实就是指新一代消费人群的核心消费特征，目前热度较高的就是新银发经济。目前，中国有 2.6 亿的老年人（60 岁以上的老人），作为第一代与网络共生的老年人，他们的消费特征与以往的老年人是有着本质区别的——他们对于消费品质的追求已经不仅仅停留在"老有所养、老有所依"的层面，而是开始向"老有所乐"和"老有所教"这种更高层次的目标进发。同时，网购、直播、短视频等也不再是年轻人的专属领地，新一代老年人也开始逐步渗透。只有抓住这一代老年人与以往的老年人在消费特征上的区别，才能打造出具有创新性的项目。比如，花样百姓就是致力于打造"50+ 银发新青年"的生活方式平台，重点围绕新一代老年人时尚、健康、美丽等不同需求，为他们量身提供线上线下学习、活动、赛事、消费等多元化服务，这就很好地抓住了这波与网络共生的老年人的消费特征。

同样，对硬科技的理解也应该遵循本源思维。在做硬科技之前，投资人应该先思考究竟什么才是真正的硬科技。目前不管市场，还是媒体，一提到硬科技，大家都认为就是高端制造、云计算、大数据或者互联网。但是，张奥平认为这些都不能够称为真正的硬科技，在他看来，真正的硬科技一定是从原生技术层面能够给行业带来颠覆式变革的科技。所以，硬科技赛道的投资人一定要明确创新性、颠覆性项目的本质究竟在哪里。

然而，很多投资人似乎并不具备这样的本源思维，他们往往是看到什么赛道比较热，就盲目跟风去追热点。其实这样很容易在市场上形成泡沫，而真正能够在风口获利的也只有少数机构。张奥平强调，"通过一二级市场的差价赚取投资收益，这个逻辑没有错。但在全面注册制之下，创投一定要回归长期投资、价值投资"。

增量资本一直秉承着这样的投资逻辑——通过增量研究院深入研究宏观经济环境，摸清每个项目的本质价值，然后由增量资本将研究成果实际落地，开展具体的投资业务并且长期追踪项目的成长动态。用宏观理论指导具体实践，再用实践经验完善宏观理论，这样的良性循环让增量资本得以迅速成长。

投资其实就像爬山，千军万马往山顶跑，不过是为了争夺山尖上那一丁点儿的资源，最终很有可能气喘吁吁却一无所获。但是也有另外一群人，他们汇集各种资源、运用各种合作方式去创造一座新的山，不再去想过去那座山的事。

张奥平就是那个创造新的山的人。

早期投资就是和人性做博弈

在 2018 年第六届中国网络视听大会上，B 站董事长陈睿曾言："年轻人喜欢幻想的世界，但更热爱现实的美好。"

那时的 B 站刚刚上市，虽然也曾在短时间内引发国内媒体一片报道热潮，但却远没有像如今这样出圈：从掀起讨论的"后浪"话题再到疫情期间的罗翔老师，从"中国版爱迪生"手工耿再到游戏达人"老番茄"……不同的人在 B 站嗅到了不同的价值，不同的人对 B 站越来越出圈的现象有着自己的看法。

元禾原点创投投资总监徐昉则敏锐地嗅到了代际变迁对于消费领

域的重大影响。轻食纤体、花式民宿、奶茶经济、小吃复兴、朋克养生……这是越来越多的"90后""95后"乃至"00后"怀揣着全新的购物理念加入消费市场的必然结果。B站的破圈只是个代表，也更像是在经济上话语权日益增强的年轻世代占据文化高地的先兆。

近3年的时间里，徐昉投资了包括旅悦集团（花筑民宿）、超级零、夸父炸串、小满茶田、卤有有、MAOPEA、养生果动等在内的多家新生代公司。2021年，花筑民宿全球突破2000家，夸父炸串两年突破1000家，小满茶田则有半年时间长期位于大众点评各城市饮品热门榜前列，小红书相关笔记评论超过30000条，超级零推出的控卡面上市后，在短短2个月内销售了200万盒。

七情六欲投资法

投资人在某个行业赛道里扎根久了都会形成一套自己独特的投资方法，徐昉也不例外。他将自己这几年在消费领域的投资经验归结为7个字——"七情六欲投资法"。

七情指喜、怒、忧、思、悲、恐、惊，六欲指眼、耳、鼻、舌、生、意。七情本身是感情的表现和心理活动，而六欲则是生理需求和愿望的体现。大部分消费行为都发自七情六欲。至于七情六欲中哪些"情"与"欲"值得投资，徐昉表示，"一个是欲望，一个是恐惧"。具体到微观，可以围绕"食""瘾""性""鲜"四点布局欲望，围绕"生""老""病""死"展示恐惧。

元禾原点的消费投资方向主要聚焦在了"吃喝"和"变美"两个大

赛道上。赛道的选择尤为重要，一般总结为四点：①宏观经济分析；②行业基础研究；③消费者洞察研究；④专题研究。

一点欲、一点惧，早期投资就是和人性做博弈

对于早期投资人而言，很多项目可能只靠一个 PPT 或者由一两个人组成的团队凭借过去的经历和经验来融资。如何在天使轮、种子轮选对好的项目非常考验一个投资人的眼光。

那么该如何选对好的项目呢？

徐昉认为，"早期投资就是跟人性做博弈，投资就是投人"。创始人的学习能力、战略眼光、早期组建团队的能力等，这些都是衡量的标准。

在徐昉选择投资小满茶田的时候，它的团队只有 2 个人。创始人是投资人出身，联合创始人则是美团早期成员。项目在刚起步的时候受新冠肺炎疫情影响很大，第一家店也是在疫情期间开业的。在和团队的多次交流中，徐昉感受到了创始人的坚定，以及他们对疫情后连锁茶饮行业发展趋势向好的肯定判断，而且他们也确实很快就吸引到了来自喜茶、星巴克等一线的高管的加盟。因此，即使当时线下门店多数关闭，原本和团队拟定好的其他投资机构也纷纷临时变卦转持观望态度，徐昉还是打出了 2020 年第一笔投资款。这一方面源于他对小满茶田本身专打车厘子细分市场的看好，另一方面则源于他对初创团队的肯定。徐昉不但没有像其他投资者一样退缩，相反，为了缓解创业团队的压力，他还在 3 月疫情尚未完全缓解时飞赴北京，鼓励团队坚持下去，并为消除疫情带来的影响出谋划策。

努力没有白费。疫情后，小满茶田推出的车厘子茶一下便成了茶饮界的爆款，一跃成为宅家久后都市白领手中的新宠儿，成功为小满茶田打开了市场。

在徐昉看来，项目成功与否，创始人或团队的因素占99%。他认为，"投早期误判是必然，成功是偶然"。因此，作为投资人，一定要深入行业进行研究，持续不断地挖掘行业里的专业人、与行业里的"专家"做朋友，以为早期投资的"与人博弈"增加筹码。

疫情洗牌消费市场，新兴品牌塑造未来

谈及未来消费市场的发展方向，徐昉认为，线下品牌性的连锁业态将成为主流，而新兴品牌会快速出现并加剧整个市场的竞争和洗牌。

新冠肺炎疫情对于线下消费的打击是沉重的，其中小作坊和夫妻店受打击尤甚。这一点根据2020年连锁巨头绝味食品的抄底抢店可见一斑。在2020年绝味食品年度股东会上，其董事长戴文军就表示：疫情期间，卤味食品赛道的区域性中小品牌、小作坊、夫妻店受消费疲软、资金链断裂等不利因素影响，行业加速出清，这就给绝味食品这类规模以上的生产企业带来了加速门店扩张、以低成本"跑马圈地"的新机遇。

除了连锁巨头在加速扩张抢店，新兴品牌也蓄势待发。徐昉认为，得益于抖音、快手等短视频的流量红利，最近几年新兴品牌将会快速涌现。现在的消费市场格局不同以往，除了诸如宝洁、联合利华等传统消费领域大伽下场竞争，一些互联网大厂、供应链端的人士也纷纷下场创

业，新消费市场的竞争将会更加激烈。

在过去，"酒香不怕巷子深"，营销的手段难免过于单一。如今消费群体时间逐渐碎片化，对个性化产品的需求也日益增大，因此，如何利用碎片化的营销与传统消费品争抢渠道并快速占领新消费人群的心智，将是未来新兴品牌面临的巨大挑战。当然，这并非意味着忽视产品因素。徐昉认为，"开口一厘米，纵深一万米"。品牌最后的成功还要回归产品本身，只有产品本身品质过硬，才有可能由"网红"成为"长青"。

注重"章法"和"体系"，平稳、可持续投资

壁垒高、投入大、周期长一直是生物技术企业（Biotech company）留给公众的第一印象。多年来，未盈利生物技术企业 IPO 渠道能否打通，也一直是制约创投资金大举进入该领域的关键因素。2018 年、2019 年，港股 18A 及科创板第五套标准的相继推出，客观上补齐了这条生态链上的关键一环。

进入 2021 年，在科创板经历火爆到审核趋严转折的同时，港股正迎来申报发行高潮。与此同时，2021 年 4 月 1 日、4 月 26 日先后向港交所正式递交招股书的两家生物技术企业——创胜集团（Transcenta）和艾棣维欣（Advaccine）身后站立着同一个为企业及企业家加油助威的年轻投资人，他就是达晨财智医药医疗及生物技术行业投资总监刘

喜。在他看来，生物技术企业爆发的时代已经到来。

理性与乐观交织的狙击手

谈到 B+ 轮和天使轮主导领投的两家企业在一个月内先后递交上市申请，刘喜的第一个反馈是自己有幸搭上了企业和企业家的"顺风车"。他表示交表只是第一步，18A 今年迎来巨大申报浪潮的趋势已经很明显，二级市场投资人大概率也将迎来第一次集体审美疲劳，选择企业的标准将大幅提高，形象点来说可能就是挑挑拣拣，对于准备申报或发行的企业，如何应对这个环境因素值得仔细思考。另外，对 18A 企业来说，上市也仅是一个开始。对于这些，刘喜和刘喜服务的企业家都有很冷静的认知，即要稳扎稳打，大家比的是长跑能力，节奏上会有阶段性的快或慢，但其本质上也都是在为企业长期发展战略服务。对于自己服务的两家企业，刘喜提到，"创胜在创新抗体药物领域、艾棣维欣在创新疫苗领域，都在向成为创新驱动型生物制药企业（Biopharma）快速前进，并已初露端倪"。

对于最近两年创投行业在生物技术领域日趋白热化的竞争态势，以及"泡沫""内卷"等当下比较热门的词汇，刘喜表示："个人感觉在这个领域，成功概率跟投资个数和出手频次的相关性并不是特别强的，就我们擅长的中早期投资而言，真正拉开差距的可能还是投资人对新赛道的覆盖广度和理解深度，通俗讲就是尽可能多、尽可能早地发现新兴或趋势性赛道，并尽可能在合适的时间点选择合适的选手切进去，但对赛道、时点、选手的判断和选择其实非常主观，它高度依赖于投资者的行业研究能力和行业认知深度，一个决策下去，短则 3~5 年，长则 8~10 年，才能有来自企业发展层面的反馈，这个过程漫长且煎熬。"

"对于炙手可热的投资赛道，如果没能在合适的时间点切入，我们也会持续关注，但一般会阶段性回避。生命科学领域以 10 年乃至 20 年为周期，驱动产业发展的底层技术出现'火爆—退潮—复苏（沉沦）'的起起伏伏是世界范围内产业发展史验证了的常态，是不以人的主观意志为转移的，而且这个领域虽然也有马太效应，但赢者通吃、寸草不生的情况基本没有，每一次基础研究、临床转化、政策的突破或调整，都会诞生一批新的'英雄'，要彻底错过某一赛道其实是不容易的，关键是要尽可能准一些，我们要做得更多的是'泡'进产业去，踏实学习、等待狙击。"

在和刘喜的交流过程中，"假设""最坏情况""比较主观"等词经常出现，能感受到理性和谨慎是这个年轻投资人的性格底色。但当聊到产业演进及陪伴与被投企业和企业家风雨同舟时，他又显得无比兴奋乐观，对于这个"矛盾"，刘喜这么解释，"宏观上尽最大努力弄清趋势，微观上精挑细选，然后深度服务、耐心陪伴，尽量做精、做细一点"。

做创投，"章法"和"体系"很重要

创投在多数报道里面是一个更偏"艺术"和个性化的事情，每个投资人对它都有自己独特的感知和理解，刘喜也不例外。他表示，"从业 11 年，从个人实践层面来看，最重要的还是要有一套属于自己的方法论，不管投资还是投后服务，有章法、有体系非常重要，灵感和才华可能是这个行业最不可靠的东西，没有'根'的胜利会有但很难持续，没有章法和体系支撑，大概率是胜则一日千里，负则一败涂地，犹如昙花一现。所谓章法和体系，虽然主观，但必须得有，而且要持续迭代，这是投资人的立身之本"。

他认为，如果非说投资有艺术的一面，那可以理解为决策是一个多维度、很综合的事情，牵涉人和事的方方面面，如果只顾一点，而不及其余，挖得越深反而对判断、决策本身危害越大，"我们投资的绝不是单个技术和产品，而是一个个活生生的企业和企业家"。

对于生物技术创投领域判断势的方法论，他提到了"6 个维度 +4 种途径"的学习研究框架。

6 个维度指的是 Clinic（临床）、Science & Technology（科学 & 技术）、Policy（政策）、History（历史）、Industry（工业）、Capital Market（资本市场）。

刘喜说："刚入行时，我在前 3 个维度花了非常大的精力，做了很多精细化的工作，但通过实践复盘，我发现，如果缺失对后 3 个维度的感知，即没有产业史、工业演进、资本市场的视角，那整个研究将失去指导投资实践的价值。这 3 点乍看上去可能太过宏大、空洞，但研究时如果能真正深入进去，探究医学史、科学技术史、工业史、企业史及资本市场发展史，把研究落到一个个微观群体和个体上，颗粒度做得足够细，那绝对可以发现一个能用以指导投资实践和投资决策的认知宝库，对一项技术、一个产品、一个企业乃至一个行业在产业演进长河中的定位感知也会更加清晰。"

至于如何对这 6 个维度进行有针对性的研究，刘喜总结了 4 种途径——Paper-Paper Research（文献研究）、Q&A Research（交流学习）、Forum Research（会议学习）和 Project Research（项目复盘）。

他说："这里面，需要重点强调第 4 项——项目复盘。一方面，我自己作为股东代表到投资服务的企业担任董监事，能够近距离观察很多企业的兴衰成败，另一方面，我们达晨内部每半年会对已投企业的运行状态进行系统的回顾反思，企业个体维度、行业线维度、基金维度的复盘都会有，这样我们至少拥有 600 多个企业发展案例，其中医药医疗及生物技术领域的案例接近 80 个，这些都是第一手的鲜活资料，企业和企业家如何在行业周期与资本市场周期中一步步走到当下、结果跟初始预期存在何种差异、起起伏伏后面的驱动因素是什么等，这些经验都是投资人不断打磨、迭代投资模型的宝贵知识财富，也是我们完成投资后再形成一整套系统的投后服务体系，在副驾驶位上协助企业家们乘风破浪的底气所在。"

技术创新的黄金时代已经到来

对于刘喜而言，初入创投行业时经手的第一个项目很大程度上影响到了他后续投资理念与投资方法论的形成。

那是一个可以列入"教训"之列的案子，"我 2010 年入行，那时是全民 PE 时代，在第一家工作单位经手了一个当时市面上炙手可热的项目，投资机构间的争抢堪称白热化，最终入围拿到额度的都是大牌机构或者关系过硬的机构，一个制药工业企业，拥有两个年销售额过 10 亿元的重磅品种，"谈到当时的估值对标和估值逻辑，刘喜说，"我们把销售额、净利润、毛利率、在研管线数量、渠道能力拆出来跟 A 股某家上市公司做了对比，发现这家企业在这几个指标上完全不输这个上市公司"。

11 年后的今天，两家当年各项指标旗鼓相当、不分伯仲的企业，那家对标企业市值一度超过 6000 亿元，已成为 A 股当之无愧的医药龙头企业，而自己经手的这家被投企业，在经历 IPO 暂停和行业政策系统性重构的波折之后，虽然最终登陆了资本市场，但市值与前者最高时差出了 30 倍，经过一个 10 年周期，市值还在原地踏步。

"这个教训是相当深刻的，在特定时间点，量看上去差不多的企业，质上可能是有根本区别的——投资判断体系出了问题。抛开特定历史时期的投资氛围，我们也不能低估创新和政策的力量。"经过对这个案子近 3 年发展的跟踪复盘，刘喜的感受特别强烈，"没有系统化的行业认知做支撑的投资决策都是暴虎冯河"。

进入 2013 年，刘喜决定开始系统性地探索搭建行业投资方法论，"当时整个生物医药创投的大环境仍旧略显沉闷，扎到里面看上去挺傻，实际上也蛮辛苦的，但现在回过去看，那段沉淀学习研究的时光无比幸福"。

关于对未来生物技术和生物医药领域创投趋势的看法，这位经历过周期的年轻投资人提道："回过去看，2012 年底的 IPO 审核暂停、2015 年的 722 事件、2016 年底的贝达药业上市以及 2018—2019 年港股 18A 和科创板的相继推出、中美结构性冲突、新冠肺炎疫情都是深刻影响中国生物医药产业创投的里程碑事件，到现在这个时间点，一个趋势已经很明显，那就是近十年国内生命科学的基础研究水平正在快速提升，人才与资本之外的这个产业核心引擎正在快速就位。"

刘喜表示：基础研究是驱动整个行业发展的原动力。在经历了仿制、快速跟随这段速度惊人但美中不足的阶段后，中国生物医药产业正在逐渐迎来源头创新转化的时代，虽然整体仍存在一定差距，但跟跑奔跑中端倪已现，落实到投资实践上，套用一个时髦的概念，可以说投资已然进入深水区，过去五年我们系统性地支持了一批有产业背景的企业家和具备原创属性的科学家创立的企业，未来这条主线不会变，投新、投早仍是我们最重要的投资策略，我们会继续积极支持产业人才创业和高校科研院所成果转化。当然，对于源头创新类项目，我们也做好了充分的思想准备来承担失败的风险。尽全力把握住每只基金投资期内产业浪潮中的投资机会是我们对自己的基本要求。

最大的愿望是"平稳、可持续"

最后，刘喜表达了对自己职业生涯的期许，他说："创投是一个商业模式比较脆弱的行业，对投资人和所服务的企业家，我们都负有严肃的义务和责任，这些年，整体还是越做越谨慎、越做越小心的，这里面更多的是临深履薄的心态。医药医疗及生物技术领域特有厚积薄发和'慢'的属性，更需要从业者拥有耐心和长远眼光，踏踏实实认真细致地对待每一个案子，尤其是每一个超越自己当下认知边界和舒适圈之外的案子，避免让经验尤其是所谓成功经验成为拖累和障碍。"

"感觉我们这一行是靠'总结经验'和'持续学习'这两个抓手吃饭

的，作为一个年轻人，我还是希望自己未来能有持续不断的学习机会，保持好奇心、想象力和理性思维。"

"很多优秀的行业前辈，他们在 15～20 年甚至更长时间的职业生涯中，能持续把握住不断演进更迭的产业浪潮，持续发现那些执牛耳的企业，陪伴辅助企业家们去塑造产业格局，最终实现平稳的、可持续的投资产出，这令人既惊讶又敬佩。感觉在创投这个行业，要实现较长时间段内的平稳、持续产出是一件非常非常难的事情，这对每个人、每家机构或许都是巨大挑战。另外，能否从一名合格的投资经理进化成一名合格的基金经理是我们年轻投资人职业生涯中面临的一个更大挑战。能成为一名合格的投资经理已经很不容易，要运营好一只基金乃至一个投资平台，更加具有挑战。后顾前瞻，创投生涯是一场马拉松，需要从长计议。"

Chapter 6

第六章

数智时代投资方法论（二）
——掌握投资原则

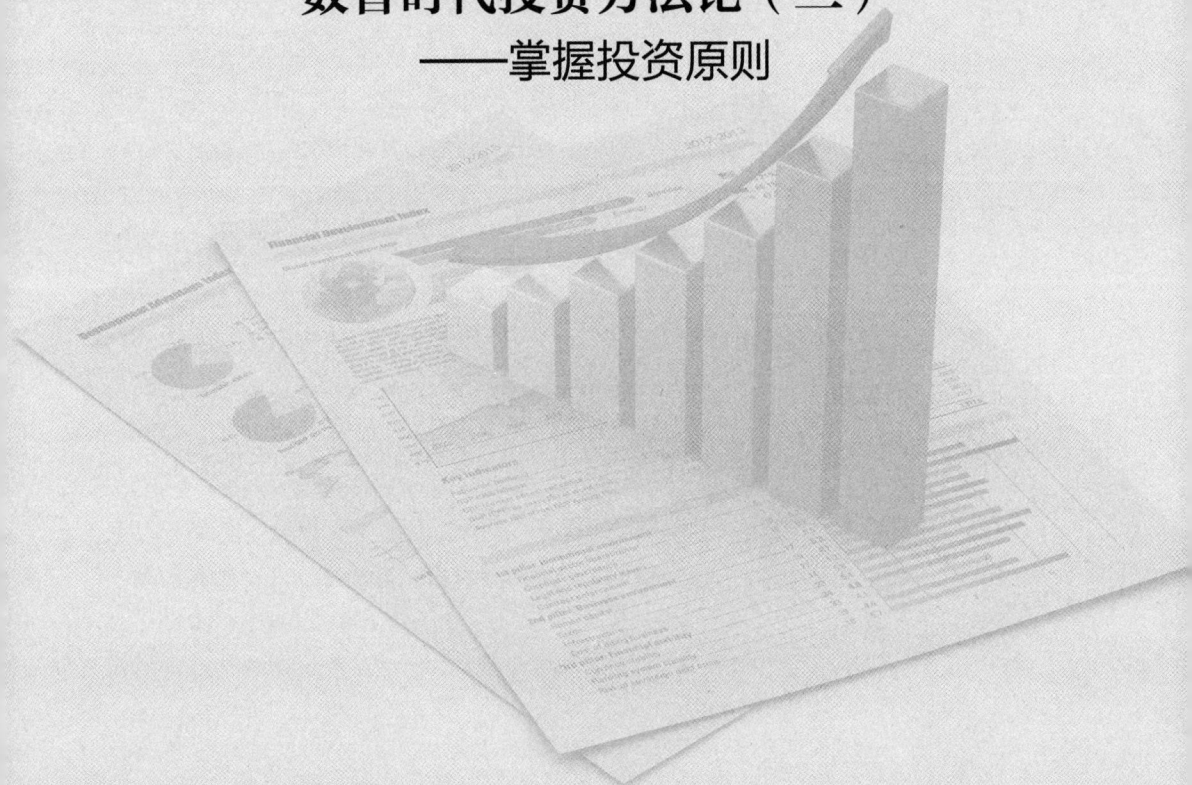

硬科技时代，创投机构要寻找优质投资机会

即使受新冠肺炎疫情影响，这两年股权投资在科技上的表现，也皆可称得上是创投大年。大量的创投资本游走在科技领域，追捧着一个又一个的优质项目。

从 2018 年开始，各大创投机构开始转向科技领域，2019 年和 2020年，大量资金加速涌入芯片、半导体、VR/AR 产业。

"虽然大家都投科技，但是不同的机构投科技的思路和他们擅长的点其实是不一样的，而且科技的范畴极其广。"李昊，33 岁，2016 年正式进入君盛投资，短短 5 年时间，从总监到合伙人，完成了几十个科技项目的投资。

君盛投资累计管理 24 只基金，资金管理规模达到了 140 多亿元，已经投出了 27 家上市公司。作为一家以大科技产业为投资方向，中早期投资为特色的创投机构，君盛投资现已发展成为中国本土最具品牌影响力的创投机构之一，其在科技领域的投资也屡屡斩获佳绩。

君盛投资成立于股权分置改革前夜，所以在一级市场中投资了很多金融公司，包括兴业银行、银河证券、建设银行等，这可以说是君盛投资发展的第一阶段。

之后，君盛投资依托创业板、中小板，发力中后期项目，围绕硬科技类、制造业实现了第二步跃迁。

2016 年君盛投资开始探讨涉足创投领域。目前，君盛投资聚焦科技创投，主要体现在两条线上。

第一条线是硬科技，在硬科技领域中君盛投资最有优势的板块是大光电行业。

大光电行业以 3 个子类为核心，分别是光电、半导体、通信。光电和半导体领域有很多技术是相融合的，光电和通信领域也有很多技术是相融合的。这种核心技术的融合，帮助团队建立了产业链视角，君盛投资借此投资了亮风台、珑璟光电、火乐科技及其他的通信、半导体企业，完成了在大光电产业链条上的完整布局。例如，在通信领域，君盛投资不仅投资了 5G 产业链、5G 基站，还一直到延伸到上游、下游，投资了 5G 的应用场景。

第二条线是大金融科技。

金融行业是科技应用最广泛的一个行业，金融行业不仅信息化、数据化基础好，技术程度较高，同时其资本、人才、需求的优势也更明显。君盛投资在创始初期是投金融法人股，所以在金融场景的理解、人才积累、行业资源方面都有丰厚的沉淀，并在金融方向有持续的布局。

正式进军金融科技领域，君盛投资选在了 2017 年，P2P 暴雷的前夜，君盛投资判断 P2P 出问题是一种必然：2014 年到 2016 年畸形的金融科技项目培育了市场，在商业模式出现问题、路径偏差的情况下，洗牌和调整就意味着更大的机会——传统的持牌金融机构一定会消化这部分的市场需求，同时，在市场试错之后，一定会给金融科技领域带来根本上的革新，以及市场重构。

对此，君盛投资在金融科技领域，从 2017 年开始关注包括云计算、大数据、企业管理系统软件、供应链创新、AI 等在金融行业的应用。前后投资了与 RPA 相关的金智维，与智能客服相关的小 i 机器人、零犀科技，以及一些网络安全的项目。

AR 赛道要起来了吗

"君盛投资投的都是 AR。"李昊说。

从大的产业链来看，AR 行业已经可以看到确定性，包括 Facebook、微软、Google、苹果、腾讯在内的大厂都在涉足这个领域，国外企业尤其重视。

在目前这个阶段，产业链在快速地成熟，产品端也在明显放量。苹果预计在 2023 年能够出产品，一旦产品落地，C 端的产品在我国就能有几百万台保底的量。

AR 有两个核心环节，一个是显示，另一个是交互。显示就是 AR 本身，珑璟光电就是做显示的，目前显示已经接近成熟，现在处于量产、降成本、提高稳定性的阶段，但是交互还没成熟，诠视科技这种具有代表性的公司还在发展中。

只有显示，没有交互，就难以称得上是一个独立的 AR 内容，更多的是一个图像加上位置信息的过程性产品。

具有交互之后，真正的 AR 内容才会出现，内容产业链才能迎来根本性的发展。

"科技的发展逻辑是离人的器官（尤其是眼睛）越近的领域，就越有可能发展为下一代计算平台。从台式计算机到便捷式计算机，再到移动手机，未来再到 AR。因为 AR 离人的眼睛更近了，就很可能成为未来的发展趋势。"

但李昊同时也认为这个周期可能会很长，在未来三五年内，AR 都可能是手机的一个附属产品，它不会是手机具有竞争性的产品。从产业链来说的话，它会逐渐地成熟，这是一个渐近过程。

从长期看，至于现有手机厂商在 AR 眼镜领域能不能成为大企业，我们不能给出答案，但是一定会有新的公司进入人们的视野，从整机平台到核心技术方，这是规律，同时现有的巨头企业也一定能有几家可以继续过往的辉煌。

数据即未来

无论硬科技还是金融科技，君盛投资关注的都是企业服务端，并以此进入两个场景，一个是制造业场景，另一个是金融企业场景。前者数据化程度低，存在大量的从 0 到 1 的机会，后者数据化程度高，大量的新技术可以直接投入到使用中去。

金融永远都是最早使用大数据、AI、信息技术的。AI 和金融场景结合的空间非常大。例如，君盛投资投的同一个赛道的灵犀科技和小 i 机器人，它们都是做智能客服的，但是做的方法不一样。

以灵犀科技为例，它是做一套人机协同的体系，涉及 AI、隐私计算、区块链等技术，它不是一个在技术层面完全创新的东西，但是它将技术的优势和应用场景很好地结合起来，创造出了需求，这个很重要。

在 5G、产业互联网、数据基础形成之后，技术会逐渐地改变生产企业的运行状态。当 AI、基础设施成熟之后，人的交互方式也会被数字化去刻画。

制造业领域非常大，但是制造业的信息化水平很低，所以存在很大的改造空间。例如，把人的行动、行为数字化，经营就有了优化的手段。但是，项目方一定不能为了数字化而数字化，我们需要强调以下几点：

第一，数字化在需求层面必须是刚需，刚需与否决定业务未来到底能不能持续起量，而不仅仅是估值增长。

第二，效果必须可用数字衡量，可衡量就代表可定价，团队和业务才能收到钱。

第三，要有很强的行业能耗。虽然大数据就是未来，但是达不到的话君盛投资就不会投资。

君盛投资以此逻辑在 RPA 领域第一轮投了金智维。

估值修正，带来创投行业洗牌

目前，业内股权投资机构累计 15000 余家，在 2018 年以前，Top10% 能够在市场上募到 10% 的资金，剩余 90% 的机构消耗 90% 出资资金，基本趋向于平均分布；2018 年新一轮的一级市场周期后，随着退出难、募资难的问题涌现，小基金面临生存问题，无法通过市场证明自己的投资能力，逐步形成了 Top10% 的投资人募到了市场上 20%~30% 的资金，其他 90% 的机构消耗剩余的 70%。

数据的背后，是机构头部化的必然性，这会倒逼的投资人去思考自己的能力，未来 5 年，创投行业面临洗牌，人民币和美元基金的策略也会逐渐地趋同，这种趋同同步会带来格局的变化。

但是洗牌期间，李昊强调所有的特色基金和中小型基金或创业的黑马基金都有机会。

以红杉资本和君盛投资为例，红杉资本是全覆盖，君盛投资是单点、重点突破，各有各的特色，在市场上就有了生存空间。

因为创投行业的本质是基于人的行业，它的根本性生产要素就是人，只要是依托于人的生产要素，一定会合久必分、分久必合，长青是一个极难的结果。所以这个行业的格局分散，也一定会有新进入者的机会。

同时，随着小市值股票缺乏流动性，退出困难，普通合伙人（GP）衡量项目的核心也在逐步发生改变。从早期的能否上市，逐步过渡到项目是否能够持续成长，公司是否能够成长为大估值企业，对于那些上市后不赚钱、难退出的项目，会倒逼所有 GP 去修正、调整自己的投资逻辑，这种修正调整有一部分会以团队的迭代形成，有一部分会以行业机构的洗牌形成，只有这样，中国的资本市场才能和美国对标，人民币基金的整体投资水平才能和美元基金持平。

对于年轻人进入创投行业，我们有如下建议：

（1）目前真正有发展潜力的创投团队占比不高，加入一个"靠谱"的团队，跟对一个"靠谱"的领导非常重要。

（2）要清晰认识到自己到底想不想做创投，有多大的决心。

（3）竭尽自己所能去了解行业机构之间的区别和机构的基因。

（4）静下心来去观察创投行业，去观察这个行业的门道。

（5）要开放、学习、勤奋、包容。

（6）提高逻辑思维、多读书、涉猎广泛的知识。

长期、持续、高回报的投资方法论

国内创投行业投资流派众多。有的投资人赌选手，如奉行"第一是投人，第二是投人，第三还是投人"方法论的 IDG；有的投资人赌赛道，如经常把行业里前三名都投个遍的红杉资本；还有的投资人"大量招募行业出身的投资经理，如利用人海战术来'扫街'"的经纬中国。

然而，沸点资本创始合伙人姚亚平却选择了与以上都截然不同的投资策略。

从汉能投资到沸点资本，在十几年的投资生涯中，姚亚平曾帮助链家、京东和58同城进行早期融资，参与了去哪儿、安居客、华扬联众、团车网、奇安信、高思爱学习、微云智能、库柏特、克拉克拉等明星企业的投资。在创投圈中，他出手次数极少，但成功率却极高。

在沸点资本的组织架构中，并没有"投资经理"这一职位，这意味着从投前、投中到投后的所有环节，三个合伙人都必须亲力亲为。这种投资风格被称为"狙击手式"打法，不求多，但必须枪枪命中。

优秀的视野和卓越的远见

对于狙击手，优秀的视力是最重要的先决条件。在姚亚平看来，对一名优秀的投资人，最重要的就是拥有广阔的视野和深刻的洞察力。

姚亚平说，投资人需要"能够看到一个现在还没有实现但即将会到来的趋势，而且要能在这个趋势里找到对的创业者来跟他一起合作，把这个事情变为现实"。与此同时，没有哪个投资人能够只投一个细分领域或者一个细分赛道，相反，他需要在不同的行业之间不停切换，这就要求非常高的学习能力，视野也需要更宽广一些。

投资人和创业者本质上是一类人——投资人投入的是资金，创业者投入的是自己的时间，他们在这个过程中都会面临极大的风险。可以说，创业者本身就是自己的投资人。因此，姚亚平认为创业者也需要带有投资人的一些特质，那就是要有非常强的洞察力，优秀的创业者"一定要看到一个别人还没看到但他自己非常坚信的未来"。

2007 年，姚亚平花了一年半的时间说服链家融资，担任了链家第一轮融资的财务顾问，当时链家的估值才 5 亿美元。姚亚平之所以选择链家，就是看中了其创始人左晖身上强大的洞察力。

1998 年以前，左晖跟几个合伙人创业做军博房展会，是当时三大房展会之一。看到地产行业那么赚钱却又那么简单粗暴，他想："如果像我这种学计算机的、有点技术含量的人进场能不能比他们更挣钱呢？"

进入地产行业早期，链家自然而然跟风成为新房的地产开发公司，但很快左晖发现这是一个需要资源的行业，需要资源的生意都很难长期稳定，而且刚大学毕业不久的年轻人也没有资源可用，那能不能做不要资源的呢？

2007 年底，左晖看着楼下金宝街的楼群说："以现在的开发速度，用不了几年，北京城三环以内就会没有地盖房，新房只能去更远的地方，而城市里将只有过去盖好的存量房可以交易，那时候的北京会变得跟现在的纽约一样。如果到那个时代，二手房交易应该会有比新房开发更大的市场。"后期链家的成功也印证了左晖的选择是正确的。

扣动扳机之前的工作更重要

狙击手在扣动扳机之前需要做的工作比开枪之后的更重要，如测量弹道、判断风向、预测天气变化，甚至是研究一些更复杂微妙的因素（如地球的曲率和自转等）。狙击手在出手前必须考虑好这所有的因素。姚亚平在投资之前同样也会对项目进行一系列的研究。

第一步是研究行业趋势，研究这个趋势是不是一个好的投资机会。选择项目时，姚亚平不注重项目当时是否有收入，更在意这个项目是否能改变世界，对世界有价值。他会思考这个项目是站在什么样的趋势上的，或者它是否创造了一个趋势。

投资与其他事情不同的一点在于，它是由认知来驱动的。虽然现在国内创投行业马太效应明显，头部基金的规模越来越大，大型的投资机构拥有很高的品牌优势和资金优势，但同时这也给大机构带来了很高的代理成本。姚亚平说，投资的本质是价值发现和判断，项目发现的触角可以分包，但筛选和投资的判断不能分包，他强调，"资金有规模优势，但判断没有"。

在沸点资本，从找项目、做调研、做 paper work 到最后做投资决定，这些工作全部都集中在合伙人身上，他们扮演了从分析师、投资经理到合伙人的所有角色，"这样的好处是'春江水暖鸭先知'，只有在水里游才能知道水温的变化"。姚亚平论述说，只有亲自做才能掌握一些关键细节，而魔鬼往往就藏在这些关键细节中，只有持续在第一线才能获得更多实战经验以保持强大的战斗力。

第二步是研究行业趋势里的要点，形成自己的独立判断。"我们并不在乎这个公司今天是不是明星公司，但我们会非常在意它是不是正在一个正确的趋势上做正确的事。"姚亚平说。

在研究二手车行业时，姚亚平发现，这个行业在短期内很难去中间化，那在这个行业创造价值的重点就在于如何让中间平台更有效率。经过深入探索，他注意到二手车在一个城市里可以被分成两类。一类是抢手的好车，这类车不需要中间化的过程就会被消化掉；另一类是不好卖的车，这类车会被转移到其他城市逐渐消化掉。也就是说，二手车这个行业需要的是中间平台将产品转移到其他城市，而非去中间化。在姚亚平看来，当时那些做去中间化的创业公司就是在不正确的趋势上做着不正确的事。因此，虽然当时有资本抱团去尝试这个模式，但姚亚平却选择果断放弃投资这些公司。

第三步就是在这些公司里挑出最正确的公司，找到最正确的方案。投资其实是一个马太效应。从 2000 年到现在，每个垂直领域里都只有成为第一名才能生存，第二名会与第一名的市场份额相差甚远，更不用说第三名了。对于投资的项目，姚亚平说，"它一定要是趋势中头部的公司，这样它就不会是模仿者，也才能成为这个趋势中最大的受益者"。在形成对趋势的认知之后，姚亚平会针对性地去看自己有认知的领域，定向筛选他认为有机会的公司。

在投资拥有新兴技术的公司时，相较于这个技术，姚亚平更关注创业公司对应用场景的探索。

在投资微云智能的时候，姚亚平注意到，由于每个人的每颗牙齿都是不同的，所以传统的齿科行业无法提升生产假牙的效率。因为每一颗牙都不同，传统的假牙工厂需要大量的人工介入来定制生产，现在国内领先的工业 4.0 C2M 定制化也都是在有限种类内的标准品制造，而微云智能已经能够完全依赖数据智能和机器人来定制化生产每一颗都不尽相同的牙齿，这相当于从一个个孤立的点进化到一个连续的曲线。原来的企业需要两三百人才能创造 5000 万元的产值，而微云智能只需要十来个人就做到了；原来需要两个星期才能交货，微云两天就可以。

AI 在这个场景的应用能帮助企业针对假牙这个定制化的产品进行大规模、高效率、低成本的生产，同时，生产过程又能强化公司数据化的能力。其他 AI 技术的公司进入到这个场景，也需要 3~5 年的时间把微云踩过的坑都踩一遍；而其他传统行业的公司，显然距离编写这个层次的数据模型和构建无人工厂更加遥远。

AI 的积累还会让公司很容易形成先发优势的数据壁垒。深入研究后姚亚平意识到，不只是假牙，这种先发优势还可以应用到所有的智能制造领域，并会使整个行业出现颠覆性的改变，这最终促成了姚亚平对微云智能的投资决定。

珍惜子弹，每次投资都倾注全力

狙击手会珍惜自己的每一发子弹，对每一次机会也都会倾注全力。姚亚平在投资时也是这样做的。

姚亚平在选择项目的过程中非常谨慎，他表示，这是因为能够认知到的趋势和机会非常少，能够成为行业改变者和创造趋势的公司也非常少。但并非每一个看到的机会都能成为一个好的投资项目，因为在公司成长的时候总会遇到一些问题，把这些问题解决之后才能把事情做好。"如果投资的公司过多的话，就没有更多的精力去帮助真正的好企业，无法让他们站在一个趋势的潮头甚至改变世界的潮头。"所以，姚亚平在选定目标之后就会付出自己全部的心血，竭力保证项目的成功。

创业者在遇到问题时，有些是自己力所能及可以解决的，有些则需要外力帮助。其中最重要的是对认知上的帮助，认知的跃升需要一些跟他有类似经历的过来人来推动。每个创业者都面对着不可预知的未来，不知道自己前方是否是一片坦途，需要别人给他经验和认知来推他一把。这个时候，投资人就是一个非常好的存在。投资人在认知上的介入对创业者的帮助是非常大的。在关键转折点上的一个正确认知，就可能让公司走向一条不一样的道路。投资人只是公司的一个小股东，只有通过更多对公司的帮助，证明自己的价值，创业者才会采纳投资人的建议。

所以，每投资一个公司，姚亚平都会花很多精力去摸透这个公司，和创业者建立信任。姚亚平鼓励投资人对所投资的公司多参与。如果不参与，对公司的业务是陌生的，也就意味着帮不上忙。只有多交流才能对这个公司认知到点子上，才能帮忙到关键的地方，而不是蜻蜓点水式的帮助。

有关质量和数量的选择题

"我们可以忍受一年只投一个项目，甚至一个都不投，可一旦出手，就必须找到最好的机会。就像狙击，前期详细研究地形地貌、天气风速、目标人行动习惯和规律，然后屏息凝气，一旦最佳时机出现，便迅速扣动扳机，务求一枪命中关键。"姚亚平这样总结这种狙击手的打法。

这种重质不重量的投资风格的优点和缺点都很明显。优点是目标精准，回报率高；缺点则是投资数量少。但对于追求回报的 LP 看来，这种缺点也并非是不能接受的。2021 年，沸点资本荣获本年度中国最受 LP 认可的创投机构 Top50 就是最好的印证。

《北齐书》里记载着一个同样谨慎出手的故事。北齐名将斛律光和弟弟斛律羡自幼练习弓箭，他们的父亲斛律金让他们天天出门打猎。每次回来的时候，斛律羡的猎物都比斛律光多，然而斛律金却总是责罚斛律羡、奖赏斛律光。别人问及原因，斛律金回答说，"别看小儿子的猎物多，可他是随处下手，而斛律金的箭全射在猎物的背上，所以斛律羡'其数虽多，去兄远矣'"。在质量和数量二选一的选择题中，姚亚平和斛律光做了相同的选择。

不追求短期快速回报，更注重未来长期价值

2016 年，李文成刚刚从美国硅谷回到中国，第一站就来到了成都，成为伯恩资本的创始合伙人。

在"大众创业、万众创新"的浪潮中，中国西南部众多激情澎湃的创客也非常需要身后有投资机构支持。当国内投资机构扎堆北上的时候，伯恩资本这支年轻的团队选择立足成都。

这家真真正正从"0"开始的机构，在国内率先提出了"生态基金"这一概念。所谓生态基金，也就是母基金加直投的模式。

伯恩资本表示，这种创新投资模式的优势在于两者可以互相协同和促进，能够共同构建新的资本生态圈。

虽然目前成效不错，但没人知道，这种模式其实是李文成早期不得已而为之、误打误撞的结果。

理工男到投资人

18岁以前，烟台人李文成并不知道自己真正想要做什么。高考结束后，李文成迷茫了。

当时华东理工大学的化工专业处于全国顶尖水平，于是李文成便去了上海研读化学工程与工艺专业。由于成绩比分数线高出70多分，他被直接保送硕博连读。

在读书的过程中，随着视野的开阔，李文成的思维逐渐发生了转变。在上大学之前，他总瞎琢磨自己将来要学某某专业，之后从事某某工作。进入大学之后，李文成感受到了很多不同的东西。读书期间，他和一名师弟一起创业，他们的公司还曾拿到了500万元的融资。

这件事彻底改变了李文成的想法，他下定决心毕业后不能像其他同门师兄弟一样只埋头做技术研发。甚至在毕业季同学们四处面试的时候，李文成干脆没有去投简历。

关心学校就业率的教务处看到李文成迟迟不找工作，头都大了，就问他到底想干什么，李文成回答："我要去流浪！"

于是李文成"流浪"到了美国。

其实，他是想看看硅谷那边的人是如何创业的，但到了美国之后，他发现那边的师兄们都在做投资。李文成大吃一惊——国内的师兄弟们都在做技术，国外的师兄们怎么变成投资人了呢？

原来，当时硅谷的创投环境非常好。真正好的技术大多能得到天使投资，在产业化之后就会被大公司收购。李文成的师兄们就这样获得了第一桶金，然后再反过来转型成投资人去投资好技术，形成了一种良性循环。

理工科出身的投资人最大的特点就是他们懂技术，可以和创业者聊得很深，清楚技术壁垒和应用前景有哪些，知道什么样的技术才是真正顶尖的、能改变世界的技术。所以，女版"乔布斯"伊丽莎白·霍尔姆斯（Elizabeth Holmes）在硅谷创投圈最风光的那几年，这些技术派的投资人一直冷眼旁观，直到2015年天才少女的神话坍塌。

看到师兄们的经历，李文成内心有了一个模糊的念头。2016年，还在美国"流浪"的李文成迎来了人生的转机。

当时正值国内传统行业转型期，一批企业家到硅谷参观学习先进理念，李文成担任他们的翻译。在参观过程中，这些企业家发现，相比传统行业，做基金投资的回报率太高了，这让他们特别心动。于是，刚回国后一个月，他们便给李文成打电话："文成，我们打算出钱做一个基金，但没人管理。你别流浪了，回国跟我们合作吧！"

原本一心想创业的李文成觉得这是个绝佳的机会。虽然自己没有投资经验，但是对他来说，这不正好是个创业项目吗？雷厉风行的李文成马上回国，来到成都创立了伯恩资本。

"偷师"成长学投资

钱太多不知道该怎么花也是一种痛苦。伯恩资本成立后，看着账上接近一个亿的资金，李文成开始苦恼起来。

李文成和其他合伙人都没有太多的投资经验，他们不仅要锻炼自身的投资能力，同时还要保证LP的收益，因此选择的项目一定不能亏损。

几经讨论，李文成决定，把第一期基金定位成一个母基金，少量资金用于直投项目，大部分资金投向那些有经验的基金，并且在选择标的的时候一定要保证不能让伯恩资本成为纯粹的LP，必须能从中学到经验。

母基金的缺点是退出周期比较长，不过李文成第一期选择做母基金倒也并不是为了追求快速的收益，而是更注重收益的稳定性。同时他希望通过母基金这样的架构，能够实现自身的快速转型，学会投资并在此过程中树立自己的品牌。

所以没有犹豫，伯恩资本的"偷师计划"就此启动。

在成都投资圈，手握近一个亿的资金还是很有谈判优势的。况且在主流的母基金都是政府或者大型企业的情况下，伯恩这种纯自有资金的母基金相当罕见。

很快，伯恩资本就选择了洪泰（成都）、点亮资本和富坤创投三家机构。这三家机构不仅愿意教李文成投资，他们的专注重点还刚好覆盖了从种子轮到 Pre-IPO 的所有阶段，这也可以让李文成快速获取经验。

完成了布局，李文成开始了他的又一段学习生涯。

之后那段日子里，每当洪泰（成都）开周会时，李文成和他的合伙人就会拿上小本子，坐在旁边一言不发地观看对方是怎么开会的，整个过程像极了学生时代的课堂。盛希泰发起创办的洪泰基金有着丰富的投资经验，盛希泰本身也是一位出色的老师，而李文成又是一名优秀的学员，因此他很快就从中学到了很多理论知识，随即进入到实操阶段。

2017 年 7 月，伯恩资本和点亮资本联合成立点亮伯恩基金，李文成在其中担任投资总监的职务。

通过这种方式，一方面李文成能够借助点亮团队的投资和管理经验来降低风险，同时也能学习他们的投资理念；另一方面，这次李文成终于来到了实际操作层面，能够亲自参与项目讨论，展现自己的学习成果。

最终，李文成再次创造了优秀成绩，不仅亲自发掘了两个最优质的项目，同时也获得了最好的整体回报。

这份成绩单最直接的影响是，当他开始着手独立做一个新基金时，他一天之内募资的金额就超出了预期。

之前李文成和很多人的想法一样，LP 太精明了，募资是个很头疼的问题。但这次经历告诉他，其实 LP 手里有的是钱，只要业绩够好，能带来高回报，募资根本不是问题，LP 会抢着把钱塞过来。

"有好技术的项目不会辜负我"

一边理论学习一边动手实操，经过这段时间的锻炼，李文成形成了自己"不追求短期快速回报，更注重未来长期价值"的投资风格。

对于这个投资策略，李文成有自己的底气。投资的风格和资金的属性有一定的关系。伯恩资本的大部分资金都来自传统企业家，这些资金并不需要快进快出地追求短期回报，而是着重于提前布局未来。

所以，李文成看项目时特别坦然。在创投行业的很多机构选择投商业模式的时候，理工男李文成选择了以技术为导向。如果他看到一个技术很好的项目，无论其商业模式是否完善，他都会选择支持一把。

拥有华东理工大学化学博士学位、曾在国内外高档期刊上发表10余篇论文的李文成这样说："消费类以及商业模式类的项目我看不懂。我有一个原则，就是我不懂的就不投。因为我比较懂技术，所以我只投技术。"

对于以不可替代的科技为核心的公司，李文成并不关心其商业模式是什么样的，也不对营收等常见的商业数据做要求。

李文成说，他不会刻意追求高回报，"但我相信真正有好技术的项目不会辜负我"。

在他看来，只要创业公司能够阶段性地完成他对技术的要求，商业模式等问题都可以交给后一轮的投资者去解决。他更关心在收到投资之后，项目能否按照时间表把技术完善到相应的进度。

"我认为做早期投资最重要的一点是，你不能在天使期就要求它有什么数据，但它一定得在未来很有发展前景，它们会在未来竞争。"李文成说。

除了注重技术，在选择项目的时候，李文成还非常注重创始人本身。他要求创始人一定是和他岁数相差不多、彼此没有代沟同时还带过团队、当过一把手的人。

他解释说："如果岁数差别太大，我们跟他玩不到一块去。"而作为天使投资人，一定要对创业者有充分的了解，其人品怎么样是非常重要的。

至于第二点，李文成表示，之前没做过一把手、没有领导者思维的人，看问题的角度和优秀的创业者是完全不一样的，这会影响整个思维模式。

李文成认为，做早期投资一定要和创业者共同成长并创造价值。团队、市场、技术、公关等各个方面，早期投资人都应该帮创业者一起去做，"钱反而是最不是问题的问题"。

他说："与其说我们通过投资他获得了投资的收益，倒不如说是我们跟他们一块儿创业，增值的这部分收益就是我们的劳动所得。"

李文成希望通过这样的投资方式，能够团结一批跟他年纪差不多的优秀创业者，他看好的不仅是他们的现在，更是他们未来的 10 年、20 年……

"因为 10 年之后，这些人会跟我一样都是 40 岁左右，到时候他们每个人都是各自行业里最专业的人才，而且还和我合作过 10 多年，这将会成为我最大的资源。"

谈及对未来科技发展趋势的看法，李文成认为，未来 5~10 年，区块链行业会出现一些应用型的公司。

他表示，目前的区块链行业类似于 2000 年的互联网，基础建设基本完成，暂时处于荒芜的阶段。

在这个节点上，投资人需要重点去关注技术的应用，"传统互联网上的这些公司都会在区块链上再诞生一遍"。而前几年区块链火过一阵然后死掉一批的情况，其实就是互联网发展历史的重演。

李文成说："确实，现在大家在试的一些东西，有一些很鸡肋，有一些像在割韭菜，也存在一些不规范的事情。"但他表示，"现在我们想不到未来区块链有什么意义，这是很正常的事情"，因为在 2000 年的时候，也没多少人能想到现在互联网上的生活如此丰富多彩。

同时，区块链这个技术本身是有自己的特点的。而无论应用领域的大小如何，"基于这些特点，它就一定会有应用，可能应用的时间或早或晚，但一定用得到"。

对于年轻人进入创投行业，李文成有如下建议：我的理念其实很简单，只要一个团队的技术真的好，我就愿意帮他们发展壮大。对于那些刚入行的年轻人，如果和我持有一样的理念，那你一定要时刻清楚自己做的事情是什么，我觉得这是最重要的一点。作为一个天使投资人，你是去帮助他们实现梦想的。如果能记住这一点，那随便怎么发展都可以，都不会走歪。而且只要有了这个理念，我相信，即使每个人走的路径不一样，最终也都会得到他自己想要的结果。

聚焦科创，长期陪跑高价值企业

成立 8 年，投资孵化 331 家硬科技企业，累计实现投资超过 39 亿元，数个案例市值超过千亿元，多个项目收获十倍以上回报，还有近十几家被投企业项目在排队上市。

对于一家早期投资机构而言，这样亮眼的成绩不仅让其在硬科技、智能制造等领域扎了根，还助其获得了"硬科技领域捕手"的称号。

硬科技投资伴随着科创板的推出一炮而红，但在这一领域，中科创星早已深耕 8 年之久。

基于长时间的经验积累和对产业周期性的精准把控，中科创星建立了一套完整的投资体系和逻辑，可以从行业早期布局、过程风险筛选，以及后期孵化服务、创业培训等多个方面为科技创业者提供全面的投资孵化方案，从而精准围捕有价值的标的。

"今年正好是十四五规划的开局之年，中科创星将紧紧围绕国家科技创新的整体战略规划去布局投资方向。"

郭鑫，2014 年加入中科创星，短短 7 年时间，便从高级投资经理做到了副总经理，参与投资了天科合达、中科微至、中科航星等多个高潜力的硬科技领军项目，累计完成科技项目投资数亿元。在飞秒光电的董秘经历和光学工程师的从业背景，极大程度地提高了郭鑫在项目投资方面的判断力和把控力。

在郭鑫看来，目前硬科技投资领域有些过热，如在半导体、商业航天等领域，整个一、二级市场都处于消化过高估值的阶段。他个人比较看好军工、先进制造、新能源三个方向，这也是其 2021 年投资布局的重点。

对于受制于人的"卡脖子"的技术难题，郭鑫表示，科技创新是唯一出路，中科创星未来将加码下注针对"卡脖子"技术的国产替代优质企业，继续深耕硬科技投资领域。

早期布局，围猎硬科技

所谓"硬科技"，指的是具有核心技术壁垒的技术。具体来说，光电芯片、AI、航空航天、生物技术、信息技术、智能制造、新材料、新能源八个领域将对社会生产产生具有引领性、基石性、创新性和经济性的影响，因此被称为"硬科技八路军"。

其实，中科创星的创始人早在 2010 年就提出了"硬科技"这个概念。之所以叫"硬科技"，是因为它不仅代表着科学技术过硬，更包含了中华民族的骨气在里面。现在，投资人越来越关注硬科技项目，"硬科技"也随之成了一个从成功"破圈"到全国流行的词汇。

但不得不说，投资硬科技确实是一块难啃的"硬骨头"。一般来说，在技术的研发和成长期，硬科技企业的投入和回报是成反比的，甚至还要经历亏损。仅仅这一点就已经让不少投资人望而却步，更别说科学技术的专业性壁垒了。如果不是有相关科研背景的投资人，便很难看懂技术壁垒有多高。

由于和中科院渊源颇深，对于前沿科学技术的理解，恰好成了中科创星的强项，这也是中科创星能够专注于投资硬科技的关键所在。在郭鑫看来，中科创星对于科创类项目的早期布局是具有前瞻性的。

"有些硬科技项目还在研究所的科技组，甚至还未成立公司，我们就已经开始跟进了。一旦公司成立，我们就会作为创始股东直接投资。"除此之外，科创类项目的创业者长短板比较明显，虽然比较擅长科研，但面对公司经营管理、资本运作这些不擅长的领域，就会遇到很多问题，这也给了中科创星注入投后管理力量的机会。

"对于科技服务，我们设置了很多业务板块，从投资到投后全覆盖。"郭鑫表示，"甚至在投资之前，中科创星就已经在全力帮助被投企业了。如做人力资源建设、招聘、项目申报、品牌宣传、促成国有资本融资等。"中科创星深知初创类科技企业面临的巨大风险，一直不遗余力地扶持高潜力的硬科技企业，帮助其渡过最艰难的初创期。

谈及投资的判断逻辑，郭鑫表示，首先还是要聚焦硬科技领域，其次要看被投企业是不是拥有行业内最核心的技术。"技术的唯一性或稀缺性是我们首要考虑的，它决定了我们如何预判某个企业能否成为细分领域的冠军企业。"由于高壁垒的技术和长周期的积淀，硬科技企业很难被其他企业超越。

中科创星所做的，就是帮助那些硬科技企业从科学技术研究走向产业化经营，实现经济效益指数型增长，进而迅速成长为行业巨头。

价值投资，长期陪跑高价值企业

目前，中国的科研投入位居世界前列，但是科技成果转化率很低，科技创新无法很好地转化为经济增长引擎。

到目前为止，中国科研创新的主力军还是科研院所和高校，并且在今后很长一段时间内，创新的主体仍然不是企业。

只有打通科研院所和企业之间的连接，才可以有效提升科技创新的驱动效力。

中科创星，源起中科院西光学精密机械研究所，其创立的初衷就是帮助科研成果从实验室走到产业前沿。

"我们对于国内科技成果转化的管理办法、法律法规都很熟悉，根据政策的变化，我们会给项目方很多建议和意见。"国有资本背景，让中科创星有"春江水暖鸭先知"的政策敏锐度，使其能在第一时间帮助项目方抓住政策红利。

"在股权设置方面，我们希望把更多的自由度给创业核心团队。"郭鑫表示，"中科创星更倾向于核心技术团队是大股东"。

在郭鑫负责的优质项目中，对天科合达、中科微至、中科航星的投资也是遵循了中科创星一贯的投资理论，竭力保护科研人员和核心团队的绝对控制权。

"对于我们来讲，把一家有潜力的硬科技企业扶持起来，让它发展得更好，是比获利更重要的事。股份占一部分就可以了，没必要占大头。"

郭鑫一直恪守着作为硬科技投资人的初心，对于科学院的企业不限轮次投资，天使、A、B、C轮，甚至到 IPO，中科创星始终坚持长期陪伴高价值企业成长，并且持续加码。

"我们本身也是市场化的基金，一个项目的投资周期少则 5~7 年，多则 7~9 年。一般而言，从第 6、7 年开始通过并购、上市等方式有效退出。"

构建投资人才体系

中科创星目前管理 10 只基金，总规模突破 53 亿元，已投资 331 家硬科技企业，涉及光电芯片及光学领域、AI 及信息技术、生物医疗、先进制造、商业航天等多个领域，已形成光电芯片、航空航天、AI 等产业集群。

出色的业绩，离不开投资人才体系的建设。对于内部人才的培养，中科创星也不遗余力。转型做投资人已经 7 年有余，郭鑫的职业生涯随着行业的发展，也有了长远的进步。对于刚进入投资行业的年轻人，他透露了一些真诚的建议：

第一，要充分了解资本市场的"水性"。千万不要做"纸上谈兵"的投资人，要敢于躬亲，探索资本市场的变化规律。水深水浅，还得自己下水试一试。

第二，要充分了解一、二级市场的规律。虽然是和一级市场打交道，但一定要明白二级市场的逻辑和操作，这是专业投资人必备的素质。

第三，要了解宏观经济周期。大趋势是非常重要的，跟着大趋势走永远不会错。

第四，把时间轴拉长，不能急功近利。资本圈的诱惑很多，做投资人要耐得住寂寞，经得住诱惑，不断扩大自己的能力圈。不懂的东西可以多学习，但对不懂、不了解的事物要充满敬畏，投资也要更加谨慎。

科技投资要关注范式的变化

蒸汽时代的蒸汽机让人类告别铅与火，电气时代的发电机让我们跨进光与电的世界，信息时代的计算机和互联网融合了数与网，而 AI 作为第四次工业革命的代表性科技，不仅让我们拥抱云与智，还深刻改变着人类的生产和生活方式，引领着未来的社会发展趋势。

投资就是投未来，走在时代最前沿的投资人自然不会放过 AI 这个大热的概念。如果说 5 年前的 AI 还是"小荷才露尖尖角"，那么如今它已然发展成了"乱花渐欲迷人眼"。斯坦福 AI 报告显示，2020 年，全球企业对 AI 投资猛增至近 680 亿美元，较 2019 年同比增长 40%。

投融资市场火热的另一面是 AI 的商业化进程迟滞不前和众多专家学者对其背后安全问题的担忧，以至于很多人认为 AI 至今仍旧是一个华而不实的"空中楼阁"。

然而面对种种质疑，云九资本投资部副总裁刘伟始终是一个技术乐观主义者。

三大基石：算法、算力与数据

AI 的发展取决于算法、算力和数据，这三大关键要素也是 AI 企业最主要的成本项，近几年来这三大关键要素的迅猛提升让刘伟看到了 AI 实现商业化落地的光明前景。

首先从算法来看。一方面，AI 和计算机人才的爆发式增长让这一行业迎来了历史性机遇。AI 专业进入高校培养课程，为这一领域提供了大量专业人才。计算化学、计算物理等交叉学科和复合型人才的出现拓宽了算法的应用前景，国际政治地缘关系的变化和新冠肺炎疫情的影响让很多超强的复合型人才选择回国，为我国 AI 行业提供了可持续发展动力，这些都属于历史性的机遇。另一方面，开源算法的显著进步使企业可以在已有算法的基础之上进行编辑和改进，既降低了 AI 的开发门槛，也提高了应用的效率和速度。

其次从算力来看。单位算力的芯片成本正在快速降低，云计算的出现更是大大促进了算力的普及，通过这项技术，可以在几秒内完成对数以万计的数据的处理。在芯片方面，图形处理器（GPU）的出现，不管是在计算能力还是在内存访问速度上都能逐渐弥补通用处理器（CPU）性能上的缺陷。同时，一些新兴的 AI 芯片，如 ASIC、FGPA 等也在迅速发展。目前最大的 AI 模型 GPT3 所用到的训练数据是 45TB，模型参数为 1750 亿，模型大小达到了 700G。企业进行 AI 项目开发的成本和门槛大大降低。

最后从数据来看 5G 的出现让"万物互联"成为现实。传感器成本的降低和大规模使用提高了数据收集的稳定性和可靠性，扩大了数据收集的范围。同时，我们已经进入了数据爆炸的大时代，人类所创造的数据从 2013 年起，年复合增长率高达 40%，每天产生的数据已经超过了 10^{19} 字节，这些海量的数据对 AI 而言就是宝贵的信息资产。

若把 AI 比作修路，那么数据就相当于砂石、混凝土等原材料，算力就类似装载机、挖掘机等基础设备，而算法就是技艺高超的工程师。丰富的原材料是修建道路的基础，强大的基础设备能提升修建的速度，而技艺高超的工程师能够开拓更多道路规划的可能性。

当这三大关键要素都得到大幅提升和普及，AI 在应用层的大规模落地就具备了前提，且前景非常可期。刘伟表示，"现在的很多科创类项目、前沿科技类项目，其团队背景和技术能力跟 5 年前、10 年前比起来有非常明显的质的提升，而大规模开发成本却明显降低，所以我认为现在就是投前沿科技和 AI 大规模落地应用的黄金时期，这是中国的历史性机遇"。

三大范式变化带来的巨大机遇：新势力造车、自动驾驶与 AI 制药

新势力造车、自动驾驶及 AI 制药是在 AI 背景下，刘伟最看好的三个细分方向。他强调，"未来的车会由软件定义，未来的驾驶 AI 一定开得比人好，未来的药研 AI 一定比人更高效，它们背后都是核心范式发生了变化，老的范式被打破，新的范式出现，这当中一定会出现能带来百倍、千倍回报的项目"。

在新势力造车方面，刘伟认为像特斯拉这样的公司，之所以有那么高的估值，并不是因为硬件本身，而是得益于自动驾驶能力、软件迭代能力、新的制造理念等，背后的核心范式变化是汽车开始由软件来定义，而不是硬件来定义，特别是在新能源架构下，部件相对简化，新的智能制造理念会提高车辆内部零部件安装的精确性，同时提高造车效率。而且在碳中和的大背景下，新能源汽车已经成为传统汽车制造商的重要转型方向，这对新势力造车而言也是一个重大发展机遇。

企查查大数据研究院发布的《近十年自动驾驶项目投融资数据报告》显示，近十年自动驾驶项目投融资事件共 376 起，披露的融资总金额近 2377.5 亿元，2020 年全年投融资事件达 60 起，披露的融资总金额高达 436.3 亿元，较 2019 年同比增长 136.9%。在刘伟看来，自动驾驶是人类目前为止对 AI 的落地应用最伟大的一次尝试。

对自动驾驶的关注让刘伟发现了图森未来这个项目。相比于乘用车，干线物流因为道路环境更加封闭、车辆行驶速度更为统一而更容易实现商业化落地，同时，由于美国货车司机稀缺、劳动力成本上升、安

全事故频发等问题，无人驾驶的潜在需求量非常大。基于这些原因，刘伟对图森未来从第一轮融资开始即连续下注，深度参与直到 IPO 的每一轮投资。

目前，图森未来运营的"无人驾驶货运网络"正在改变自动驾驶行业的行业规则，它创新了点到点的运输方式，并且在提高效率、降低运营成本和卡车碳排放方面也做出了探索性的尝试。图森未来还受到其他多家投资机构的青睐，自成立至今共进行了 4 轮融资，IPO 前总融资额约 10 亿美元（约合 65 亿元人民币）。除了刘伟所在的云九资本，新浪、英伟达、UPS、大众集团 Traton 等科技巨头和投资机构也赫然在列。2021 年 4 月 16 日，图森未来成功登陆纳斯达克，目前估值在 130 亿美元左右。

在 AI 制药方面，传统制药方法都是靠科学家、药物化学家根据自己的经验去设计和验证。若将 AI 应用到药物分子的排列组合和探索可能性中，效率将会得到质的提升。例如，先导化合物发现和生物制剂优化项目，传统方法要 12 个月才能完成，头部企业运用 AI 3 个月就可以搞定，大大缩短了生物制药的时间，降低了成本。

前沿科技是云九资本重要的投资主题。在不到一年的时间中，云九资本已经在前沿科技领域有多个项目布局，包括自动驾驶卡车公司图森未来、自动驾驶乘用车公司文远知行、自动驾驶解决方案服务商宏景智驾、微生态制药公司未知君、大分子 AI 药研公司星亢原生物、弥漫性胃癌药物及类器官应用研发公司希格生科、通用智能芯片设计研发商壁仞科技等。在其他"AI+"的细分领域，云九资本也已经陆续开展了早期布局。

发展前景：模糊的正确胜过精确的错误

尽管 AI 的概念在资本市场备受青睐，但实际的商业化落地却举步维艰。

以自动驾驶领域为例，包括谷歌、特斯拉、丰田在内的巨头们都曾宣称将在 2020 年实现完全自动驾驶，结果却纷纷"跳票"。而特斯拉自动驾驶在全球发生的多起事故及 Uber 发生的自动驾驶导致行人死亡事故，都让消费者对自动驾驶这一技术始终心存疑虑。

刘伟认为，不管是自动驾驶还是 AI 制药，大家在评判这些项目时，通常考虑了太多的噪声，如自动驾驶面临的"电车难题"、AI 制药的费用问题等，但科技会发展，技术在进步，历史的车轮不会因为这些噪声而停歇，AI 将带来的效率提升和劳动力解放是毋庸置疑的。"当我们投资一个大的方向的时候，更应该去追求一种模糊的正确，而不是过度分析精准的错误。"在选择项目时，投资人只需要确定，AI 是不是能比人做得更好，未来实现降本增效的本质是否在理论上完全可行，对此，刘伟的答案是肯定的。

在底层逻辑和方向确定的情况下，很多质疑和犹豫都是噪声。市面上挑战的人越多，质疑的人越多，越说明人们对某件事情存在较大的认知差。当底层确定且认知差比较大时，正是伟大项目诞生并带来巨大回报的时候。

"历史规律告诉我们，任何一次大型技术革命，早期人们总是高估它的影响，会有一轮一轮的泡沫；中期又会低估它的影响，觉得不过是些概念而已；而当你觉得它是概念的时候，它其实已经开始生根发芽、茁壮成长了。"丛龙峰博士曾经的这段话在 AI 领域依旧适用。AI 的未来，值得我们所有人拭目以待。

热爱行业，方可真正扎根成长

唯有热爱，才能抵御岁月漫长。爱一行干一行、干一行爱一行，无论高校里剑拔弩张、各有千秋的辩论赛，还是街头巷尾邻里街坊的闲唠家常，总是避免不了讨论这颇具哲学味道的命题。

对于投资人而言，这一感受相较于常人或许更深。普通人或许可以被时代的洪流裹挟向前，但投资人却必须站在时代的风口浪尖逆风向前。无论热爱与否，这是工作所需，怠慢不得，也马虎不得。

投资本身极具风险，行业也好、媒体也罢，其目光总喜欢追随投资成功的案例，总会将聚光灯对准那些风光正劲的投资人。可当项目出现问题，责任落到投资人肩膀上时，投资人会感到如山一般沉重的压力。焦虑、担忧、懊悔……各种情绪会在几个月的时间里止不住地向大脑涌来。

因此，在深创投集团投资总监周颂淼看来，如果不是真正热爱某一个行业或某一个领域，投资人很难在这样的时刻熬过去，同时也唯有热爱方能在一个行业真正扎根生长，真正伴随企业共同发展。

因热爱转入消费领域，分析判断"人货场"时代变迁

和许多理工科出身的投资人一样，周颂淦一开始在投资领域也主要从事高端装备制造、机器人技术及电力等技术性色彩浓厚的行业投资。伴随着投资经历的日益丰富，加之自身对二次元文化和新兴消费品类的热爱，周颂淦逐渐把精力放在了大消费领域的相关投资上。

热爱行业才能真正地深入这一行业。正是对消费领域的热爱给予了周颂淦源源不断的动力，让他不断去和行业的领军人士探讨趋势、不断了解新出现的品牌、不断总结行业的重要变化。

热爱的种子终究会发芽。通过长期追踪和研究消费行业的发展趋势，周颂淦认为，如今消费领域"人货场"三个核心因素相较于以往已经发生了巨大的变化。

在"人"这一因素领域，周颂淦认为消费业在过去时代对于"人"的关注度是非常低的，其代表便是宝洁、联合利华这样的大众型日用消费品公司。这些公司产品的核心研发逻辑是创造产品进而满足需求，而非根据消费者需求去创造产品，因此消费者只能选择与需求相近的产品，并不能精细化选取所需。这表现在市场销售上，其产品是铺张走量的，公司只需要源源不断地、大量地上架自己的货物，总会等到消费者购买。

但是，如今随着"90后""00后"消费者的崛起，消费者自身的诉求也日益明显，满足消费者的个性化需求已然成为大势所趋，这样的企业代表便是苹果。周颂淦认为，过去诺基亚的核心研发逻辑是不断创造出新型号的手机来满足消费者的需求，但从未在塞班系统底层做过修

改。乔布斯则相反，他从用户需求的角度去设计产品，去解决用户的痛点。比如，在塞班系统里，仅仅靠两根手指就能扩大图片是不敢想象的，但乔布斯通过搜集用户需求开发出了触控屏产品，并最终变革了整个手机行业。

在"货"这一因素领域，在过去铺张货物依靠以量取胜的时代，经营者只需要知道货物销售的大概数字就足够了。但如今是智能化、数据化的时代，经营者必须知道货物流转所产生的价值、成本等细节性的东西。因为伴随着智能化、数据化的深入，每个货物流转所产生的价值都可以被量化，产生的成本也可以被计算，通过放大价值、拉低成本，企业就能更好地适应个性化消费的时代。

在"场"这一因素领域，如今的场景相较于以往变得更加多元化。在过去，店铺的场景非常单一，如咖啡店或者奶茶店，它们的存在更多是为了提供功能性的饮品。如今"场"的功能则日益向多元化发展，比如奈雪的茶此前推出的奈雪PRO店，它早上提供早餐和咖啡，下午作为第三空间为消费者提供闲暇去处，在基本店提供茶饮的基础上又开设酒吧，为消费者提供夜生活社交场所，这就实现了给同一个店赋予不同的场景，进而将多个场景都卖给消费者。

当然，周颂淦认为，目前三个核心因素中最为重要的变化来自"人"。人的个性化需求、品牌化需求推动着商家的变革和一系列新兴品牌的出现，诸如国潮的出现导致李宁品牌受到热捧，以及奈雪的茶如今的上市，都可以看作核心因素变化的产物。

注重品质才能长青，靠创新打破被抄袭的困境

在周颂淦看来，奈雪的茶如今能够上市主要得益于两个方面：一方面是相较于其他网红奶茶而言，奈雪的茶非常注重自身的口感和质量；另一方面，则是它不断创新、推出新品，靠创新打磨自己的品牌，打破奶茶界容易被抄袭和模仿的困境。这两方面的存在让奈雪的茶适应了当下消费者需求变迁的时代因素。

"酒香不怕巷子深"，这是国内传统的消费品发展理念，有了自身的品质与品牌，就不愁没客来。但如今越来越多网红品牌、网红茶饮的出现却似乎打破了这一信条，似乎唯有不断地在营销上做文章、不断地制造各类热点事件才能吸引消费者眼球。

可事实证明，市场和消费者总会回归理性，热度也总会过去。截至2020年11月30日，中国茶饮企业总数超30万家，可其中停业、清算、吊销、注销的企业超13万家，占比高达43%。网红奶茶店暴雷的事件一个又一个出现在消费者面前，最近的例子是在2021年5月，网红奶茶品牌茶芝兰被曝出长期雇"托儿"充场，制造虚假流水，骗取各地加盟商近7亿元加盟费用。

因此周颂淦投资奈雪的茶更多是看重它在品质上的坚持，"它是个知名网红品牌，但同样也是个坚持品质的网红茶饮"。

在筹备开店之初，创始人彭心就曾用整整一年时间，在全国遍寻优质原料。在具体细节上，如以新鲜水果代替糖浆，以优质茶叶代替茶粉、茶末，以新鲜牛奶代替奶精、坚持更低糖的配方等，即使会导致原料成本高达近38%，创始人彭心依旧不止一次强调"我们不会降低原料

成本"。同时，奈雪的茶为了防止因鲜果成熟度不同而出现的口感差异，还始终保留着"无理由换一杯"的选项。

2021 年奈雪的茶提交的招股书显示，其最高成本来自食材原料，最高达到了 38.4%，其中主要是鲜果茶原料，而非外界以为的租金成本。奈雪 2018 年、2019 年以及 2020 年的前 9 个月的材料成本占相关期间总营收的 35.3%、36.6% 和 38.4%。

消费者是喜新厌旧的，除了日益重视品质，对品牌新产品更新迭代的需求也越来越高，可如今奶茶界抄袭模仿的风波依然甚嚣尘上，不仅对原生品牌的口碑造成了冲击，还扰乱了整个奶茶市场。

周颂淦认为，如今，消费品如果想要做大规模，需要走连锁化的道路。连锁化的前提条件是标准化，而标准化也有利有弊。对于品牌而言，它可以短时间内形成口碑，保证产品质量，但同时也确实可能给品牌造成被模仿和抄袭的困境。

至于如何打破这一现实困境，周颂淦表示，被模仿和抄袭是不可避免的，"品牌必须时刻保持自身的创新速度、加快自身产品的迭代速度，只有这样才能从根本上战胜那些模仿者。因此必须成立一个专门的团队、创建一套固定的机制去创新，去研发新品"。

奈雪的茶也符合了周颂淦对品牌创新的重视和要求。据介绍，围绕鲜果茶、鲜奶茶以及冷泡茶，奈雪的茶一直坚持开拓创新。截至目前，其核心菜单已包含 25 种以上的经典茶饮及经典烘焙产品。此外，为保持菜单的新鲜，奈雪的茶平均每周推出一款新茶饮，2018 年以来已推出约 60 种季节性产品。

做好项目投后赋能，未来长期看好跨境电商

融资结束并非意味着投资工作的结束，相反，它意味着伴随企业成长的开始。尤其是在消费领域，产品本身的"护城河"并不宽，被模仿抄袭是常有的事。因此，在周颂淦看来，帮助企业保持和消费者的联系、倾听消费者的声音，并从宏观上把握消费行业的发展方向是投资人的重要使命，也是做好项目投后赋能的重要手段。

从消费者的需求中来，到消费者的需求中去。当下消费者需求变化莫测，企业要想保持长期的发展就需要长期关注消费者个性化的需求，通过与消费者密切接触来获得相应的反馈。无论公开渠道，如大众点评、美团等，还是私域流量，如微信群，朋友圈等，都应该成为企业关注消费者需求的重要途径，因为这些反馈都是消费者最为真实的声音。也只有通过和消费者密切接触，才能得到精确的用户画像，从而为企业的产品开发和精准运营提供基准数据支持。

周颂淦表示，深创投集团一直在研究和分析消费者所关注的热点领域和方向，并将发现的整体行业趋势第一时间反馈给被投企业。同时，他个人也会和被投企业进行沟通，站在整个行业的视角帮助企业进行品牌的建设。

在谈及未来时，周颂淦表示将持续关注跨境电商领域的发展。这是出于个人的生活经历、又更多源自疫情因素的考量。以美国为例，周颂淦有着五六年的美国生活经历，作为亚马逊的用户，他对其自优劣之处非常清楚，加之此前又经历过 2003 年国内的非典疫情，周颂淦对淘宝的发展历程也有着清晰的认知。他认为，受新冠肺炎疫情影响，如同当

年非典疫情对于京东和淘宝的助推一样，美国电商也将迎来一波新的发展高峰，而这也将给国内跨境电商的发展带来新的机遇。

比如，Adobe电子商务部门发布的一份新报告显示，新冠肺炎疫情大流行推动了美国在线购物支出增长，仅2020年在线购物消费总额就达到了8130亿美元，比2019年增长了42%，约占2020年零售总额的1/4。与之形成对比的是，2019年美国电商规模达6020亿美元，却只占当年零售额的11%。按这种趋势发展下去，摩根大通甚至预测，到2022年，亚马逊将超越沃尔玛成为美国最大零售商。

周颂淼认为，目前虽然中美贸易摩擦不断，但随着全球产业化分工的发展，中国的许多产品在价格和质量竞争上已经优于美国，美国只能在表面上排挤中国的产品，消费者会理性做出选择。同时，我们国家也在进行双循环经济建设，推动中国产品走出国门，走向更多的国家，这也是国家战略的一部分，因此跨境电商领域将在未来迎来一波又一波的发展。

从供需角度把握行业发展本质

哲学，一门离我们日常很远却又很近的学问。

"哲"意为明白事理，"学"表示是一门学科，所以哲学是一门教人明白事理的学科。"哲学"一词，翻译自英文"Philosophy"，起源于希腊语"Φιλοσοφία"，其内核上，哲学有着"爱智慧、追求智慧"的含义。

从春秋战国时代的诸子百家到古希腊的柏拉图和亚里士多德，诸多人类先贤仰望星空时的所思所想凝结成了文化的基因，横亘历史，时至今日依然潜移默化着影响我们的思想，指导着我们的实践。

相较于常人自发性对智慧的思考和追求，哲学学子常常自觉地把理论融入自己对于世界的思考当中，翊翎资本合伙人李栋同样如此。他出身人大哲学系，在他看来，哲学让他养成了用辩证的、批判性的思维去看待问题和追求事物本质的思维模式，具体到投资领域上，便是偏谨慎的乐观投资。

李栋表示："早期投资首先就是要积极地看待事物，但同时也要辩证地看待，不能激进地认为事物一定会发展成什么样子。同时要追求事物的本质，投资领域本身有着很多噪声和干扰，想要长期做好投资必须要从本质上认清一个行业。因此要批判地看待一些所谓权威性的说法，要对权威性的说法保持警惕的态度。"

从供需上抓住行业机遇

多年的投资经验积累下来，李栋认为，想要把握一个行业的投资机会先要把握行业的本质发展趋势。具体而言，就是从需求和供给这两个宏观的角度辩证地看待行业。

具体到消费行业，从需求角度来看，首先要判断行业里是否出现了消费主力人群的变化，消费人群的变化是否带来了新的需求及这个需求是否到了临界值或爆发点。如果这些判断的答案都是"Yes"，那就需要进一步判断供给的组织形式是否有机会发生新的变化。相对于需求端，供给端的角度更加需要多样化。比如原本供给成本很高，很难覆盖大多数人群，或者原来供给不够优质，只是一些低价的劣质货，又或者原来的供给只是集中在一小部分群体里，没有被更多的人享受到等，如果能够改变这些形式，那就都是值得关注的。或者在供给端产生了新兴技术，让供给产生了本质的变化，也同样能够产生有投资价值的企业。

李栋投资的儿童零辅食领域就是建立在供需角度之上的。

从需求端的角度上看，"95后""00后"的妈妈开始成为消费的主力人群，相较于过去时代，他们会有意识地选择相信这些中国的本土品牌，这就给国内新兴品牌带来了全新的机会。虽然当下国内出生率较低、新生婴儿数量较少，但不同于过去时代的放养模式，现在的父母愿意在孩子身上花费更多的精力和时间，表现在"吃"这一领域便是儿童零辅食赛道的迅猛突起。

据中国儿童产业中心的数据显示，儿童消费市场每年达到3.9万亿元到5.9万亿元的市场规模，同时在80%的家庭中，儿童支出占到了家庭支出的30%~50%，这其中，食品更是儿童日常消费中重要的一个支出项目。另外，2020年天猫联合阿里妈妈发布的《2020年线上儿童零食行业营销趋势洞察》数据显示，妈妈每月给孩子购买零食的平均花费为799.2元。

在供给端上，儿童零辅食领域目前仍然是外资品牌占据主导地位，甚至有些市场或概念都是由外资品牌创造或引领起来的。同时，在产品品类上，过去儿童零食和成人零食之间并没有泾渭分明的标准和差异，目前该领域也尚无成熟的细分品牌，能够既满足孩子的口味，也响应新一代父母"无添加""营养均衡"的需求。

儿童零辅食品牌哆猫猫创始人武轩永此前就曾表示，一方面，引进国外品牌的产品满足不了中国父母的喂养习惯和中国儿童的口味，传统本土品牌在产品创新、配方优化及品牌打造上也并不符合新母婴家庭的核心需求；另一方面，政策层面也释放出积极信号，2020 年 5 月发布的《儿童零食通用要求》团体标准填补了 3～14 岁儿童在食品添加剂摄入标准上的空白。但目前整个零辅食行业缺乏代表性的儿童食品品牌，真正深入到产品研发层面的创新并不多，这是一个相对空白的高增长潜力市场。

目前在儿童零辅食市场，供给和需求两端都已经产生了结构性的变化，整个行业进入了新的爆发期，将会在未来诞生一大批优秀的企业。同时，儿童零辅食天然是一个复购率高的行业，家长一旦选择，大概率是不会在未来发生改变的，因此一旦新创品牌创业成功，便会拥有持久的生命力和成长力。

寻找既在行业中又不在行业中的创始人

做好投资除了要从需求和供给这两个宏观的角度把握一个行业的投资机会，李栋认为，在投资项目时，创业团队及创始人自身的因素也要占到很高的比重。

"和创始人团队沟通 5 分钟就能判断项目的好坏并非投资圈大佬的夸张，相反，这是遇到优质项目时自然而然从投资人脑中蹦出来的想法。"结合自身的经历，给予李栋这种感觉的第一家企业便是智布互联。

智布互联成立于 2014 年，是一家专注于优化纺织行业流程、致力于通过互联网系统平台改变国内纺织生产、贸易过程中烦冗环节的高新技术企业。李栋在 2018 年和智布互联的创始人沟通时，能够很明确地感受到"这个人就是我们所找的既在行业中又不在行业中的那个人"。

纺织行业是劳动密集程度高的行业，中国又是世界上最大的纺织品生产和出口国，产业规模达数万亿元级别。要将传统的纺织行业与互联网技术相结合，通过互联网的力量去改造这样一个历史悠久的传统行业，既需要技术，也需要企业家自身拥有使命感和责任感，因此这就需要"创业者一方面能够站在这个行业本身的角度去考虑，另一方面又能提出创新的点去改变这个行业固有的一些属性"。

智布互联创始人傅俊超深耕纺织行业多年，对纺织行业理解深入，同时其核心成员来自华为、金蝶、福田实业（全球最大的针织面料生产商）、IBM、溢达纺织等海内外知名企业，因此也有着将互联网技术融入纺织行业的创新因素。

在傅俊超看来，纺织品是服装主要的生产原料，纺织品交易这种用于生产经营的采购行为，本质上由"交付"驱动。但长久以来，纺织行业都是一个劳动密集程度高的产业，纺织印染工厂以中小型企业为主，规模小、信息化程度低、企业管理方式落后，直接结果就是生产成本高、交付低效且不稳定，难以应对国际化竞争。

为了解决"交付"手段落后的问题，智布互联以 SaaS 云 ERP 系统为基础，在下游端承接服装品牌和制衣厂的客户订单，在上游端连入纺纱厂、印染厂、织布厂，进而拆解上游客户订单，通过物联网和排单系统，组织系统内的工厂跨厂协同完成面料的生产与制作。形象点说，智布互联作为产业中的平台方扮演的角色就像是一颗"工业大脑"，通过软件获取数据，再将数据进行连接和运算，组织跨厂生产，从而实现低成本、高效且稳定交付。

事实证明，傅俊超的眼光和李栋对于创始人的判断都是值得信任的。在项目发展上，在智布互联的体系内，服装品牌和制衣厂面料采购成本可以降低 5%~10%，交付周期则可缩短 30%（约 2~3 周），并且交付时间更精准可控。在资本市场中，智布互联受到一轮又一轮的投资和加码，如在 2019 年 9 月，智布互联获得由腾讯和红杉资本中国基金领投，宽带资本跟投，老股东元璟资本、经纬中国、IDG 资本、翊翎资本全部加码的 C 轮融资，创造了在这一领域的融资记录。

做好投后服务

投资并非一劳永逸，要成为一名优秀的投资人既需要寻找到优秀的项目，又需要在投后做好对企业的服务工作。一般来说，市场开拓、人脉帮扶等传统的投后工作是必要的，为创业者提供内心的支撑也很重要，只是容易被投资人忽略。

内心支撑最为简单的考核标准就是创始人在遇到困难时，第一个电话会打向谁寻求帮助。

在这样关键的时刻投资人一两个举动甚至一两句简单的话都能够对创业者产生巨大的影响，因为人在内心极度紧张、感情很脆弱的情况下是很难做出高质量决策的。投资人此刻的身份就如同夜晚的灯塔，即便是点点的微光，也是船长拼命寻找的方向。

投资人在接到求助电话时也有助于其决策。一方面，如果创业者愿意第一个打电话给投资人，意味着投资人能够先于其他股东更早了解到公司的实际情况，能够帮助投资人早日制定策略，帮助创业者渡过难关；另一方面，投资人能够以过来人的视角帮助创业者看清形势，避免其在错误的时间点做出错误的决策，进而影响公司未来的发展。

因此，投资人应在投资前与创业者进行交流，询问他们在创业最艰难的时刻有怎样的想法，创业的目的是什么。很多创业者可能会提前准备好各种各样的答案，但当和创业者有过几次深入的、紧密的交流以后，投资人很容易判断创业者的初心和想法，同时判断创业者在遇到困难时的第一反应和如何采取措施。

在李栋看来，创业是门槛很高却又很吸引人的事情。在国内大环境下，虽然有很多人去创业，但真正能做出具有深远影响力的公司的人却是凤毛麟角。"这些人无一例外都是具有超强使命感的人，我也愿意去长期陪伴他们，愿意去投资那些挑战艰难又做正确事情的创业者。"

从朝阳行业抓住潜力赛道

2021 年 2 月 1 日，我国的碳排放权交易体系正式投入运行。同月 22 日，国务院印发《关于加快建立健全绿色低碳循环发展经济体系的指导意见》，提出壮大绿色环保产业，加快培育市场主体，打造一批大型绿色产业集团，培育"专精特新"中小企业等一系列举措。

循环经济、绿色经济正逐渐成为社会聚焦的热点。实际上早在 2021 年政策利好前，循环经济已经成为热门投资赛道，清新资本投资总监陆玄便是早早嗅到商机的投资人之一。从早期的爱回收、爱分类，再到如今的南通北新，陆玄在循环经济领域耕耘颇深。企业也以优异的成绩回报了陆玄：前者已然稳居中国市场电子 3C 回收产业的第一梯队，后者在汽车动力电池回收再利用领域颇有建树。

不过，陆玄并非在职场生涯伊始就扎根循环经济领域，她早年在投资银行主要从事 TMT 领域的投融资工作，2017 年加入清新资本后才专注于大消费和循环经济领域。

对她而言，投资本身就是一个不断学习和成长的过程，也同样是一个把握行业、判断行业前景的过程。

满足互联网原住民新兴消费需求

陆玄认为，早期投资最重要的一点便是关于行业的判断：一方面要从长远判断行业是否处于上升趋势；另一方面要结合宏观因素和微观因素来判断大行业下细分赛道的具体情况。

此前陆玄关注大消费领域便是因为国内主力消费人群迭代创造了行业发展机遇。

根据 2020 年京东家电联合京东大数据研究院发布的《90 后人群消费白皮书》，"90 后"线上消费增速显著提高，其在京东的购买力已经基本与"80 后"持平。"90 后"强势崛起，已成为消费市场的主力军和引领者。同时报告还认为，除了消费购买力日益上涨，"90 后""00 后"的消费特征也与过去的世代有所不同。新一代的年轻人在消费上更倾向于性价比，更加重视评论，会为兴趣、个性买单，会更喜欢社交电商和圈子文化。

"90 后"日益崛起的购买力让陆玄看到了消费行业新的机遇，其不同于以往世代的消费特征和爱好也让陆玄看到了新兴产品诞生的希望。因此，她投资了以泛"90 后"家庭亲子生活品牌集团万物心选为代表的诸多瞄准年轻人的新兴项目。

针对投资万物心选，陆玄表示主要出于两方面因素的考量：一方面，项目本身优势突出，契合当下新时代消费者的特征，顺应了消费行业人群迭代的大趋势；另一方面，项目和创业团队非常贴合，能够发挥出团队最大的能力。

陆玄认为，"90后"的女性用户在这5年内大多数将要步入为人父母的年龄，相较于过去世代，这批父母更愿意为更好的服务和商品买单，也存在着个性化、差异化的需求。但目前针对儿童和家庭产品的供应市场却存在着产品与用户需求脱节的现象，工厂不懂新时代用户的需求，生产、销售的产品与用户需求严重脱节。

"家庭消费赛道里需求端的存在推动着供给端的革新。"因此，在项目上，万物心选可以被看作供需市场错位下应运而生的产物，它从供给端进行了改变，适应了新时代消费者个性化和重视性价比的特征。

万物心选的技术团队通过平台上数百万条UGC内容和数千万条交易数据预测出非标类产品的市场需求，再利用积累多年的相关供应链资源生产相关产品，解决了生产、销售活动与用户需求严重脱节的问题。据官方介绍，万物心选曾根据市场需求推出了多个产品，都能在开售5分钟内成为平台爆款产品。

在创业团队上，陆玄同样也认同万物心选独特的优势。万物心选创始人和其团队属于互联网元老级别，曾有着电商平台的创业经历，因此积累了电商领域的相关经验。更为重要的是，团队曾参与过百度贴吧和百度知道的创建运营工作，其十几年的职业生涯伴随了"85后"和"90后"的成长过程，因此非常了解"85后"和"90后"妈妈的成长历程、审美、喜好和生活习惯，这一点使万物心选在社群运营上有着特殊的文化基因。

顺应行业大势再配合强有力的创始团队，万物心选App于2018年8月首次测试上线后，平台已经连续3年实现300%的交易额增长，在

2021 年 3 月又获得了数千万美元的 C 轮融资。

作为早期的投资方，清新资本因此获得了丰厚的回报，同样也印证了陆玄抓住行业机遇的投资判断理念。

抓住未来时代所需

除了把握消费主力人群迭代的发展机遇，对于低碳经济行业发展前景的认识让陆玄把目光放在了循环经济领域。

2020 年，中国政府承诺将提高国家自主贡献力度，二氧化碳排放力争于 2030 年前达到峰值，努力争取 2060 年前实现碳中和。"碳达峰"是指在某一个时点二氧化碳的排放不再增长，达到峰值。"碳中和"是在一定时间内，通过植树造林、节能减排等途径，抵消自身所产生的二氧化碳排放量，实现二氧化碳"零排放"。结合 2021 年最新出台的碳排放交易举措，可以预见低碳经济的发展将迎来一波又一波的政策红利。

陆玄认为，循环经济是减少碳排放的重要手段之一，也是达成碳中和目标的必须途径。同时，随着全国碳排放交易市场的启动和运行，循环经济将会成为低碳经济市场重要的组成部分。从技术商业化成熟度考量，这其中值得重点关注的是以锂电池为代表的动力电池的再生利用。

根据国际环保组织绿色和平与中华环保联合会于 2020 年发布的《为资源续航——2030 年新能源汽车电池循环经济潜力研究报告》，2030 年全球和中国将面临第一波动力电池的大规模"退役"潮。在 2021—2030 年，中国新能源汽车动力电池"退役"总量将会达到 705 万吨，相当于

168 个鸟巢体育场钢结构的重量。

"退役"下来的动力电池，既可能是丰厚的能量载体，也可能成为沉重的环境负担，这将取决于采用什么样的处理策略。据测算，2030 年，"退役"动力电池单位产品售价约为 40.4 美元每千瓦时，约为全新锂电池售价 2/3。如果"退役"动力电池中 80% 的数量可以得到有效利用，国内市场"退役"电池总价值将接近 430 亿元。同时"退役"电池的再生利用在 2021—2030 年可减少 6334 万吨的碳排放，等于中国总森林面积 1/3 的树木的碳汇量。

正是基于对低碳经济发展前景和动力电池再生利用需求的判断，陆玄团队于 2021 年投资了动力电池再生利用企业南通北新。根据介绍，南通北新秉持 ESG 责任投资理念，不断投入创新研发，目前形成了一套独特的短流程、全回收、高提纯、低能耗、零排放的工艺体系，其核心客户全部为前驱体、正极和镍钴行业头部企业。

当然，投对行业并不一定能在短时间内有所成就与收获，方兴未艾的低碳经济市场更是如此。但陆玄表示，碳中和是一幅宏伟壮丽的蓝图，它功在当代，利在千秋，关系能否建设一个天蓝、地绿、水清的美丽中国。投资看十年，投资本身是一个长期的战斗过程，并非一蹴而就。虽然当下市场处于早期阶段，但伴随着低碳经济的发展和国家政策的推动，相信十年后市场将迎来巨大的变革。

Chapter 7

第七章

数智时代投资方法论（三）

——跑赢细分赛道

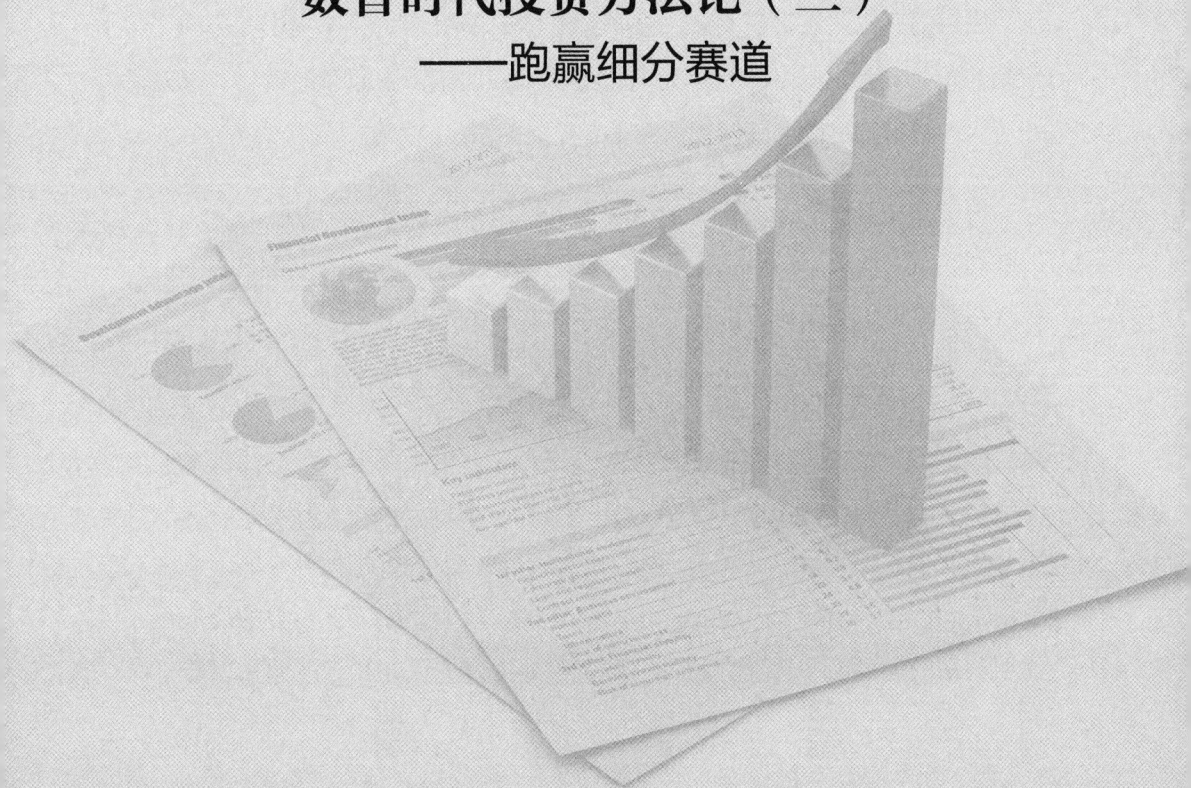

人工智能领域投资的原则

"在 AI 领域，对于当前 AI 模型的价值有一种行业内颇为自嘲式的评价——所有 AI 模型都能较为完美地模拟过去，但无法成功地预测未来。"——林海卓，卓源资本创始合伙人兼 CEO，清华大学计算机科学博士，哈佛大学博士后。

棋类游戏一直被视为顶级人类智力及 AI 的试金石。尤其是在围棋领域，围棋的变化数量实在太大，根据测算，要是 AI 暴力列举围棋变化的所有情况，其计算的数量远远超过已经观测到的宇宙中原子的数量。这一巨大的数目，足以令任何蛮力穷举者望而却步。

但是在 2016 年，一场 AlphaGo 与世界顶级围棋选手李世石的世纪对战却震惊了世人。AlphaGo 以 4∶1 战胜李世石。在一年后，AlphaGo 再次战胜了世界排名第一的柯洁，宣告了人类在围棋领域败给了 AI。伴随着人类智力游戏最后一块高地的沦陷，AI 几乎在一夜之间火遍全球，同时也再次让世人注意到了 AI 跨越式的发展和变化。

资本的嗅觉则更为敏锐，早在 2010 年，国内 AI 领域就已经出现了投融资事件。时至今日，AI 投资在投资圈早已不是什么新鲜事，曾在 2016 年热火朝天的市场日趋冷却下来。林海卓认为，"AI 行业的投资需要长期的加码而非短期套利，它不仅需要深度的认知和专业的知识储备，还需要一整套专业化的投资方法论"。

AI 投资的"三三原则"

在 AI 投资的"三三原则"中，第一个"三"指的是抓住 AI 在落地层面反馈逻辑的三个主要层次，即执行、判断和预测。

基于 AI 的核心作用，林海卓认为，要把握 AI 如今的商业化落地，首先需要关注其最本质的维度划分。与市场上常见的"AI+ 医疗""AI+ 汽车"等划分方式不同，林海卓把 AI 在落地层面的反馈逻辑划分成三个主要层次——执行、判断和预测。

执行层次是最为初级的阶段，当下火热的软硬件一体化设备开发便是集中于这一阶段。最为直观的例子就是在机场、地铁站等地方常见的无人自助售卖机。这类机器的程序和代码都是固定在硬件里的，通过接入支付宝、微信的形式接受外来的信号指令，在接收到确认收款的指令后，执行固定好的相关程序，这里相当多的程序是直接固化在硬件线路中实现的，通过电路交换而非数据交换来执行代码，从而将货品从架子上推下来送到消费者手中。这些企业毛利率都比较低，行业竞争也很激烈。

判断层次向前跨越了一步，它需要 AI 能够自主学习并根据已知的条件进行判断，进而得出相关的结论。最具代表性的例子有两个，一个是从海量人脸图像数据库中搜索到与犯罪嫌疑人特征值吻合度最高的历史数据，并溯源数据背后的人物身份，另一个就是从大量洗钱、欺诈、作弊的金融手段映射出的底层金融流数学模式中归纳出标准范式，并以此作为判断标准对当前每笔进行中的复杂交易结构的底层金融流数学模型进行构建与判断，从而第一时间发现欺诈、洗钱或作弊的交易。

第三层次是预测层次。预测之所以在商业化领域比较重要，是因为每个行业的每个企业实控人都希望清楚地知道自己的未来营收增长点在哪里、新客户在哪里、潜在风险可能出现在哪里及新的产品趋势在哪里。要解决这些问题，AI公司就需要一种应用范围更加广泛的通用数学模型，可以根据当前掌握的数据实时对未来一定时间内可能发生的事情进行预判，并提前做出反应。

林海卓表示，最能体现预测层次的难度和价值的领域之一便是无人驾驶。首先要针对高精度图像传感器、激光雷达、毫米波雷达、轮毂传感器、惯导系统、高精度地图、导航定位系统及车自身总线通信的各类执行单元运行数据的超融合与决策、预测制定出整体解决方案。其次以此为基础，由汽车自主判断当前行驶路线、周围的路况及可能发生的潜在路况风险，并最终控制车辆做出方向、速度等数十个参数的反馈调整。

怎样才能做到对一个特定AI企业商业化落地的阶段和层次做出准确判断？这要求投资人不仅要拥有精深的专业知识，还要能够把握市场发展的整体趋势和行情。

林海卓认为，"要多和高校及在前沿技术创新领域的专家进行沟通，最好和高校在产学研方面建立官方战略合作"。因为投资人更擅长商业模式，在商业化上经验丰富，但花费大量时间阅读专业论文提升专业知识并非上策。因此，投资人需要专家学者深入浅出地帮助其理解赛道中技术演进的趋势，进而能够结合自身过往的经验，第一时间感知到可能存在的商机。

AI 投资的"三三原则"，第二个"三"指的是抓住 AI 的本质，从三个维度判断商业结果。

林海卓认为，AI 可能包含非常精妙的算法或复杂的数学模型，但这些实际上都服务于其最本质的作用：降本、增效、降功耗。

首先是降低成本，传统企业内部正常的作业流程普遍效能较低或链条较长，通过 AI 可以优化其中的部分流程，进而降低成本。其次是增加效能，AI 可以预测和发现在正常作业流程中管理者难以发现的一些新的创收机会，进而提高销售收入。最后是降低原有生产过程的一些浪费和能耗，进而间接节约成本。

这三点最本质的作用服务于企业，更像是一种锦上添花的效果。企业的生产结构是一直存在的，大多数 AI 的作用只是在这个基础的底层逻辑上优化其中的一些链条和环节，如果脱离了企业最基本的逻辑和框架，单纯追求 AI 本身内部的算法和模型，那结果只能是南辕北辙。

注重非技术性因素

AI 行业非常强调项目的创新性和颠覆性，在林海卓看来，除了要从技术角度把握 AI 投资，还要关注非技术性因素对于项目的影响，"技术是必要的，但不能仅有技术"。

提到非技术性因素，首先需要关注的便是创业团队与创业项目的相关性，具体而言就是判断创业团队过往 5~10 年的经历和它即将要做的创业项目是不是有相关度。

林海卓认为，当下很多投资人、投资机构很容易陷入一个误区，投资机构投资了一个能力很强的团队，客观来讲团队确实很强，但这个强仅限于在 A 领域，而该团队接下来要去 B 领域创业，那团队是否能成功就需要打一个大大的问号了。尤其是在 AI 或前沿科技领域，虽然 A、B 领域看起来相似，但实际上底层逻辑是截然不同的，如果投资人没有专业背景知识的储备，便很容易导致投资误判。

另一个需要关注的非技术性因素是广义的非技术性因素，这其中包括创业团队，尤其是创始人的领导力和号召力这一因素。在林海卓看来，一些非常顶尖的高新技术项目，能够作为核心技术团队的初创成员可谓寥寥无几，因为这些人都是行业领域的"大牛"和精英。如何把这些"大牛"团结到一起，能够让这些"大牛"服气，愿意来和创始人一起合作创业，而非在相同的行业竞争，这非常考验创始人的领导力和号召力。

林海卓认为，小马智行创始人兼 CEO 彭军博士便是 AI 领域极具号召力的技术及商业领袖之一。林海卓是小马智行早期投资人之一，也是最早的清华系投资人之一。在林海卓看来，小马智行的两位创始人彭军博士和楼天城博士树立了整个亚洲 AI 领域的新标杆，目前，来自前 ACM World Final 的 AI 技术天才，斯坦福 + 清华 +Google 的资深工程师团队已超 400 多人，可以说，华人半数以上的无人驾驶领域技术天才齐聚小马智行，使得最一流的技术、人才、资本齐聚形成马太效应，并助其一路快速成长为亚洲估值最高，同时也是 L4、L5 商业化速度最快的无人驾驶公司。

警惕实验室竞争

AI 领域的创业并非一帆风顺，随着行业的发展，一批又一批干扰投资者视线的问题随之出现。在林海卓看来，中国的实验室创业者有一个明显的特点：当一家实验室出现创业成功的"大牛"后，实验室里会陆续出现很多人一起涌入相同的行业。"他们本身是一个团队，技术和能力重叠度很高，知识储备也相似，但每个成员都希望当领导者，这就导致在同一个领域出现大量同质化竞争项目。"

对于投资人而言，这意味着投资的每一分钱都会在这样的内卷竞争中被消耗。如何在这样内卷的环境中选择优质项目，林海卓有着自己的方法论，他认为投资人要尽量选择创业原始结构较为完整的团队。他表示，"我们很喜欢实验室性质的团队，有三四个同时做项目的人一起创业，每个人都有着相应的股权。相反，我们很警惕一个单打独斗超牛的个人，尤其是当他带着很多明显要弱于他的人去创业时，因为这个人可能在潜意识里把实验室的同伴当成了竞争对手，格局太小，也可能是存在着实验室内卷的现象"。

林海卓认为，目前在很多行业垂直领域的 SaaS 平台和低代码 AI 平台，以及一些 IPA 技术领域，已经出现了很多营业收入突破亿元的公司，"但如何筛选出它们对投资人本身的技术背景要求非常高。这也反映出 AI 领域的投资和项目本身发生的变化，即一些非常垂直但是能够提供更高效工具的纯软件或软硬件公司，已经开始拥有比较好的变现能力"。

互联网投资要把握结构性机会

1998 年的一个下午，还有半年就要毕业的姜皓天在报纸的一个角落看到了太平洋技术风险投资公司（IDG 资本的前身）的招聘启事。

在 20 世纪末，国内的创投行业和姜皓天一样年轻。每当说起创投，创业者们都把投资机构视作皮包公司。

但姜皓天看到这篇招聘启事如获至宝，因为他对创投行业向往已久。

姜皓天在上海交通大学读的是电子工程专业，但他却一直对投资有着浓厚的兴趣，也并不想成为一名工程师。直到他在一份杂志上看到"Venture Capital"这个词，才终于明白自己将来想要做什么。

"创投跟技术有关，但又不是做技术，而是将技术和资本结合到一起，我觉得这个东西好。"尚未本科毕业的姜皓天感觉找到了职业方向。

目标明确后，姜皓天选择去上海财经大学攻读投资方向的研究生，希望能够弥补自己在金融方面的短板。然而，当姜皓天说自己的课题研究方向是创投时，导师却反问他："是指期货、衍生品这种高风险的投资吗？"

导师对创投的零认知并没有消除姜皓天的热情和执着。入学后，他成了同学眼中的异类。当别人关注黄金、期货、股票时，他却在研究新型公司和新兴的商业模式。1998 年计算机还很稀奇，姜皓天却已经在宿舍里面通过用"猫"拨号上网来查阅国外关于创投的相关资料了。

在校期间，姜皓天就一直关注创投方面的招聘信息。当看到太平洋技术风险投资公司的那篇招聘启事后，他马上投出了一份简历，还附上了一封自荐信。面试他的人是时任 IDG 资本合伙人的章苏阳。就这样，在章苏阳的带领下，姜皓天如愿以偿，成功加入了自己执着追求的创投行业，成了中国第一批投资人。

时间快速流转，20 多年后，创投已不再是新鲜事物，作为国内创投行业的先行者，姜皓天也成了行业里德高望重的前辈。

从业 20 余年，姜皓天先后供职于 IDG 资本、上海信投、汉能投资，并在 2006 年初加入北极光创投，成为后者 TMT，尤其是消费互联网板块的实际牵头人。在北极光创投的 12 年里，姜皓天直接负责了大约 4 亿美元的投资，其中美团上市，使北极光创投获得了约 7 亿美元的退出回报。他离开北极光创投时，其账面回报超过 20 亿美元。

2018 年底，姜皓天离开北极光创投，创办至临资本。这次，他又看到了需要有人探路的新领域，也选择了继续做一名先行者。

从消费互联网到产业互联网

刚加入 IDG 资本的时候，姜皓天并没有什么投资经验。不过好在当时整个行业都处于萌芽阶段，其他人同样没有经验，"所以我才能和整个行业共同成长"。

不过相对于同事的工作经历，姜皓天的履历还是显得非常单薄。他觉得自己应该尽快积累行业经验。在 IDG 资本待了不到一年，他又转到了上海信投，在 IT 产业领域积累了 5 年多的投资及运营经验。

2004 年，姜皓天离开上海信投之后，先是加入汉能投资，后又跟朋友创业一年做了一家移动媒体，之后将其卖给了分众传媒。

在姜皓天入行 7 年后的 2005 年，中概股掀起赴美上市热潮，创投行业迎来大爆发。清科的一份数据显示，2005 年在华中外创投机构募集到的基金总额，相当于之前 3 年的总和。

那年秋天，在上海威斯汀酒店大堂，邓锋和姜皓天第一次见面。两人各点一杯咖啡，一不留神就聊了一下午。

那时 40 出头的邓锋刚刚回国成立了北极光创投，团队只有几个人，正求贤若渴；姜皓天则是中国最早的一批创投从业者，当时虽身处创业企业中，但仍志在创投行业。

姜皓天见到邓锋时，刚刚成立的北极光创投尚名不见经传。介绍他俩认识的朋友对后者的形容只有一句话——是一位成功人士。但一个下午的交谈，让邓、姜二人大有相见恨晚的感觉。

于是两个人一拍即合，2006 年 6 月，姜皓天正式加入邓锋的团队，开始了在北极光创投的投资生涯。

邓锋是技术出身，更专长于面向企业端、科技领域的投资，而姜皓天则对面向消费者端的机会更感兴趣，这恰好可以让他们充分互补。

姜皓天的投资生涯见证了中国 TMT 行业的高速发展。回顾过去，姜皓天把几十年的 TMT 行业发展历程划分为三个时代。

1980—2000 年，TMT 行业面临着软件和硬件的革新，是一个 IT 革命的时代。在那个时代，要成功不光要懂技术，还要懂 To B。

进入 21 世纪后的这 20 年，国内出现了无数富有创新精神的互联网公司，机会更多地出现在消费端。姜皓天称之为消费互联网时代。在这个时代，互联网技术使消费端效率提高，赢家均是以用户需求和商业模式为驱动的平台型公司。

在北极光创投工作期间，姜皓天看到了尚且年幼的美团，完成了他职业生涯最成功的一笔投资。

在和同事张鸿平一起投资美团的时候，其估值仅有 2 亿美元，行业排名第四，而排名第一的拉手网当时正如日中天。很多人都问："为什么会选择第四名？"

姜皓天表示，这主要是出于对团队的判断。在对所有团购公司做了一番调研之后，姜皓天最认可王兴的团队，认为"他们有自己的观点，有自己独到的看法"。当年，姜皓天曾多次和王兴聊起对团购的理解，他表示，"且不说他的观点是否一定正确，但他就是和别人思考的角度和深度都不同"。

姜皓天认为，经过了 20 年的发展，互联网和科技对消费端的渗透率已经很高了，在中国这一数据已接近70%。消费领域增速逐渐放缓，提升余地有限，使得流量红利正在消失。

姜皓天表示，下个 20 年将是产业互联网的时代，技术将与产业结合起来，从而逐步提高企业端的效率。与此同时，企业端和消费端也将逐渐趋向融合。

"许多产业链条中与消费端相关的环节，已经在上个时代被消费互联网渗透和改造了。等到企业端环节被赋能之后，整个产业链会发生重大变革，甚至重构。"

姜皓天认为，未来整个产业会出现一个巨头，这个巨头会覆盖整个产业从生产到消费的各个环节。在这种发展趋势下，创业者和投资人均会面临更高的要求。尤其是只懂 To B 或只懂 To C 的创业者，面对如此巨大的挑战，他们必须做到既懂行业又懂用户，既懂技术又懂市场。

作为投资人，面临的挑战更大。姜皓天说，"创业者还可以通过团队作战来聚集 To B 和 To C 两种基因，但优秀的投资人必须身具两者、内外兼修，才能应对下个时代的挑战"。

未来十年的结构性机会

作为国内资历比较深厚的创投老兵之一，从业 20 余年的姜皓天业绩斐然。除了参与美团 B 轮投资，还早期投资了 Wi-Fi 万能钥匙、开心网、有妖气、TalkingData 等一系列高成长公司。

2018 年，资本市场骤冷，姜皓天却毅然离开了北极光创投，创办至临资本，开启新征程。

"我早就证明过我是一个成功的投资人了，不需要再去证明。"姜皓天表示，创建至临资本的初衷，其实是有一种使命感，激励他在 40 多岁这个投资人的黄金年龄去完成两件事。

第一件事就是做一家中国回报最好的顶尖基金。

谈及国内创投行业现状，姜皓天认为其存在一个很大的问题，那便是整个行业尚未实现现金流为正。

在美国，GP 每年分给 LP 的钱已经超过 LP 投给 GP 的资金，形成了一种正向循环。但在中国，这一情况完全相反，这意味着行业发展是不可持续的。

"哪有源源不断的钱不停地做管理？以前规模小没问题，现在整个行业规模这么大，哪还有钱这么无限地投入？这是不现实的。"

姜皓天表示，中国的创投行业经过这么多年的发展，已经过了跑马圈地、规模为王的阶段。接下来将由规模优先进入到回报优先的第二阶段。

Benchmark 联合创始人安迪·拉切列夫（Andy Rachleff）曾在 2014 年发文称，"创投行业 95% 的回报都是由头部 2% 的机构创造的"。姜皓天认同中国创投市场将走向"2～95"格局，但他认为并非规模大的才是头部。

"你看美国的佼佼者们，其中有规模比较大的，但更多的是一些回报很好的。"姜皓天拿美国的创投行业举例："它们的规模可能只有 3 亿到 5 亿美元，但它们经常能创造出 10 倍以上的回报，没人敢说它们不是美国的头部基金。"因此，回报好的基金将在未来杀出重围，"这是创投行业在这个时代的最佳机会"。

除了将至临资本做成中国回报率最高的顶尖基金，姜皓天还希望能够承上启下，率先建立起中国创投 3.0 的决策机制。

创投行业的特点是规模小、结构扁平、精英化，依赖个体很强的单兵作战能力。但与此同时，每个人又有每个人的局限性，会有其独特的思维方式、擅长领域及看待问题的方法。

这就要求合伙人之间要相互配合、取长补短，让整个机构的战斗力远远强于个人能力。不过姜皓天表示，中国创投行业的决策机制由于文化背景等原因，需要分三步走，才能逐渐完善成真正的合伙人制度。

国内创投行业最初的决策机制是 1.0 的"大家长制"。顾名思义，就是在合伙人体系中有一个人有着与众不同的地位和权力，拥有绝对的话语权。

当"70 后""80 后"成为中流砥柱之后，国内创投行业的决策机制逐步进化为 2.0 的"夫妻制"。所谓"夫妻制"，就是在较长时间的工作中，互相磨合出来的两三个主要合伙人，他们拥有相同的话语权，遇事则共同决策。

而创投行业决策机制 3.0 的"民主制"，姜皓天认为它注定将在"90后""00 后"身上实现。"我认为创投行业决策机制的未来趋势一定是要成为 3.0 的模式，我想率先去实现它，起到一个承上启下的作用，把这个体系建立起来。"

只有通过 3.0 这样的模式，将年轻人培养起来，中国的创投行业才能拥有长久的生命力，能够一代一代地传承下去。"中国目前的一些一线老牌基金，他们在传承的问题上还面临很大挑战。有好几家当年的一线基金现在都已经陨落了，就是因为传承的问题没解决好。"

姜皓天表示，目前中国的创投行业主要面临的就是回报优先的导向转变和 3.0 "民主制"的决策机制转变，而这两大转变就是让他"非常兴奋的结构性机会"，也是他创建至临资本的根本原因。他预言，10 年内这两个转变必将出现，而能把握这个机会率先实现变革的基金必将脱颖而出。若能将以上两点都做好，那它将在长期内拥有非常强的竞争力。

入行 20 余年，姜皓天经历了国内创投行业从无到有的多个阶段，是创投行业的先行者。无论决策机制的转变，还是规模和回报如何抉择的导向变化，他都敢为天下先。

探索未知的领域是深刻在他骨子里的基因。爱好摩托车的姜皓天这样描述他在荒凉沙漠里前行的画面——在新疆的沙漠公路上，目之所及看不到一个人影，我把车开到极速。

对于年轻人来说，需要看到时代已经不一样了。20 多年前，姜皓天可以跟整个行业共同成长。但现在，年轻人面对的是一群拥有 10 年以上投资经验的人。所以，年轻人要进入创投行业，应注意以下三点。

第一，年轻人需要做好成长规划。创投行业并非是标准化的，投资界的前辈们背景不尽相同，成长路径也五花八门，但这并不妨碍他们取得成功。年轻人应该多去跟各种有经验的人接触，听取并吸收对自己有价值的东西，从而不断调整规划，加速成长。

第二，要仔细琢磨和研究时代性机会。年轻人的劣势是经验不足，优势则是学习能力强。面对新行业、新机遇、新机会，年轻人能最小化劣势和最大化优势，所以新行业最适合年轻人。

第三，要想登上行业巅峰，除了技能和技巧，还需要一些微妙的艺术成分。技巧很容易被教会，但最终决定成就高低的那一点别人没有办法教，只能靠自己领悟和体会。这不仅需要年轻人自己有悟性，跟对人也非常关键，要找到一个经验丰富同时愿意去激发自己潜力的人。

成为消费品"捕手"

所有企业都在做顺势而为的事，消费品企业也不例外。

倘若把消费品赛道比作一条河流，在融资、新媒体、电商、物流和市场需求等各方面外部因素的助推下，整条河流汹涌澎湃，总会产生令人眼花缭乱的泡沫，但长此以往，总会有诸如品牌、团队、管理等需要时间来验证的核心因素沉淀下来。

消费品的"快"与"慢"

在消费品赛道里打拼多年，金鼎资本创始合伙人刘扬用"快"和"慢"来阐释他的消费品观。

第一个是消费品的"快"。

技术推动了社会万物的广泛连接和深度融合，同时也加速了社会万物之间的流动，消费品行业也随之被推进了快速发展的航道。

在资金端，投资机构大量涌入消费品行业，投资节奏越来越快，投行间的价格战日益激烈。在供需端，随着中国宏观经济政策的调整和居民消费水平的不断提高，多样性需求变得更为广泛。在此背景下，刘扬认为，投资者会利用新的媒体、新的渠道等外部因素去观察市场新的需求，然后开发新的供给，再用这些"新供给"反向带动"新需求"，从而推动整个消费品行业的发展。

融资、新媒体、电商、物流和需求加速奔跑，推动着消费品领域成为经久不衰的热门话题。在互联网经济快速发展的浪潮下，近两年来新品牌不断涌现，积势发展。以前的消费品需要十年以上才能成为年营收10亿元＋的品牌，而如今的消费品，在短短一两年时间里就可能发展为年营收10亿元＋的品牌。

截至2020年12月，新消费品牌约有200起融资，融资过亿的品牌超过30家，流水过亿的品牌超过200家。新消费从2018年开始壮大，2019年中国品牌市场占有率高达72%，2020年中国品牌渗透率高达91.4%。2021年，新消费市场仍旧有极大的增长潜力，从大火的完美日记、泡泡玛特再到迅速进入市场的元气森林、钟薛高等，新消费市场未来还会有更大的增长规模。

第二个是消费品的"慢"。

"快"与"慢"总是相对而言的。相比不断加速的外部因素，团队、品牌、管理和供应链等企业内部因素的塑造则需要经历一个漫长的沉淀过程。例如，企业在做供应链的时候，即使用高新的技术方式，也很难成倍地提升供应链的成熟效率，这时企业就应该开始做需要"练内功"

的慢工作，把供应链营销端从线上转移到线下，减少流量的曝光率，但这也会导致企业品牌不能快速发展。

刘扬表示，"练内功"需要企业去解决限制品牌发展的不良因素，并且在解决的过程中，还需要有一个较长的时间去改善和优化阻碍企业发展的内部因素。大多数企业在快速发展的时期，可能会忽略这方面因素，他们以为品牌可以永远快节奏地发展。

刘扬强调，在资本的帮助下，企业在外部环境、外部红利、外部趋势占有优势的情况下，其新消费品牌能够快速占领市场，并实现快增长，甚至可以快速地占领一部分消费者的心智。但在这个品牌稳步发展的过程中，资本也并不是万能的，很多问题不是单纯靠钱就能够解决的，尤其是内部因素、慢因素等，这些都会制约这个企业的发展节奏，企业不会永远乘着火箭去发展。因此，做投资需要有感知行业资本周期的能力。

新消费的黄金时代

刘扬说："作为消费领域的投资者，如何感知这种周期、如何平衡这种'快'与'慢'，是一种永恒的智慧。"

在高热度的行业环境下，市场会存在很多泡沫，导致投资机构很难冷静。聪明的投资人会与泡沫共舞，会理性地去对待一些企业和赛道，把钱投资给那些能够穿越周期的创业者。这些投资人知道这个市场是有泡沫的，但如果因为这些泡沫就畏首畏尾也可能会错过很多机会。

一级市场与二级市场不同，一级市场有交易的窗口期，这也是一级市场的痛点——只有在窗口期可以做交易，否则就可能错过项目。而二级市场可以自由交易，可以在舒服的价格段进行买入。刘扬认为，如果企业要穿越周期，作为投资者唯一能做的就是从一个更长期的视角，以终为始地去看待一个行业的发展。对于一个品类的格局、一个团队、一个品牌等，只有从长期的视角去看，才能看到确定性的东西，比如长期的竞争力、长期的壁垒、长期的差异化等，而短期的红利即使抓得再好，我们也只能叫它"网红品牌"。

所有投资人都希望抓住风口机会，把内部阻碍企业发展的慢因素沉淀下来。

刘扬表示，企业在认清一个行业的发展周期后，没有太多的选择，只能去慢慢摸索适合自己的行业发展模式。在没有找到既定的市场模式时，企业需要建立这样一种认知——消费是人们为了满足自身某种欲望或需要而产生的一种经济行为。投资人需要与创业者有"与事业共同成长"的默契，努力去创造一个长期的、有真正意义的品牌，而不能只瞄准眼前的短期红利，不能用"资本万能"的视角去看待消费品行业。这种方法不符合这个行业的底层发展规律，因为消费品行业不会像互联网行业那样一家独大，它不会出现超级垄断的终局情况。

如果不遵守消费品行业的这种底层发展规律，那么企业终究会被市场淘汰出局。投资人需要做的就是，在加速流动的消费品资本市场中撇开浮沫，平衡消费品领域的"快"与"慢"，潜心挖掘出企业的核心竞争力，进而实现优质资金和潜力股企业的融通。

寻找医疗健康新方向

投资的本质是什么？

这是一个非常宏大的命题，虽然年纪尚轻，但张颖（广发信德并购执行部执行董事）却有自己独特的理解。

从宏观来讲，他把投资的英文单词"invest"进行拆解，"in"就是加入、投入的意思，"v"代表胜利，也有坚持、永不放弃的意思，而"est"是英语中形容词的最高级，可以引申为最满足、最好的，所以"invest"把这几个字母串起来，就是对投资的诠释——投资就是坚持投入时间、精力和金钱，并且去追求最好的结果。

从微观来看，创业是一个从 0 到 1 的过程，而股权投资就是要帮助企业去实现从 1 到 N。这个"1"对于投资机构来说非常重要，它意味着首先要有对的企业、对的项目和对的方向，机构本身也必须有资金基础，再通过合理的时间和运作，来实现项目的迭代升级。

如何寻找医药投资的正确方向

张颖认为要抓住政策、需求和技术这三个驱动因素。这三个因素贯穿一个项目的始终，最成功的公司一定实现了这三者的和谐统一。但是从中期来看，如果能抓住其中两个因素，也可能会有不错的发展。比如，政策和需求这两个驱动因素叠加起来，就让张颖看到了基层医疗和养老康复的机遇；医疗机器人、基因编辑、基因合成之类的项目则抓住了技术和需求这两个因素；政策与技术的双重驱动也给包括国产器械、国产药物在内的进口替代产品行业带来了新的机会。

围绕着这个思路去找准三个驱动因素里面的三个或其中两个的共同的方向，就是张颖的方法论。

只要得分就是好球

投资圈就像一个球场，有人短传快攻、直截了当，有人出其不意、险中求胜，也有人讲究策略、稳坐江山，但所有人都不愿错过"医疗健康"这个球，在场上为它抢破了头。张颖也是球员之一。

中国医疗市场年化增长率为 20% ~ 30%，这在投资领域实属罕见。再加上国家利好政策的持续出台，新冠肺炎疫情的持续冲击，以及它本身具备的抗周期、高景气度、高成长性的显著特点，医疗健康领域一直被看作一条黄金赛道，许多投资机构都涌进来想要分一杯羹。

在竞争白热化的态势之下，发掘具有成长性的小企业难度很高，为了降低风险，投资机构纷纷选择资本抱圈取暖和向头部公司聚拢。在2020 年的医疗健康领域一级市场中，约一半的融资额涌向了不到 10%的公司。同花顺问财数据显示，以恒瑞医药、迈瑞医疗、药明康德、长春高新等为代表的龙头药企更受投资机构的青睐。截至 2020 年 9 月 30日，机构持股家数均超过（含）360 家，其中，迈瑞医疗的基金持股比例更是超过 21%。

张颖并不排斥资本抱团，在他眼里，三分也好，扣篮也好，只要能够得分就是好球。资本抱团也是投资机构得分的一种策略，也能取得不错的投资收益。对于好的项目，只要价格合理，张颖都会努力争取。目前他更关注的是必选消费和刚性需求，譬如医美、眼科这种更标准化的、更可及的需求。

要判断什么样的项目才是好的项目，张颖认为人是最关键的因素。从短期来看，项目本身固然很重要，只要是处于对的赛道里面，就能获得不错的发展，但如果把时间拉长，其实风口是不可能一直持续的，不管多成功的企业，它都是长期处于风险之中的，需要面临不断出现的各种挑战。所以从长期来看，一个企业更需要有一个好的掌舵者和一个能各展所长的团队来带领企业走得更远。

对的人一定能运作出对的项目。

基层医疗机遇与挑战并存

基层医疗这个细分领域听起来并不"性感"，但在张颖看来，它却潜力无穷。

就像电商行业一样，即使淘宝、天猫、京东占据了大部分的市场份额，拼多多依然能挖掘下沉市场的潜力，在三足鼎立的局面中杀出一条血路。基层医疗就和拼多多一样，能从下沉市场中汲取力量。

政策加需求的双重驱动因素让张颖注意到了基层医疗的机遇。在政策方面，国家在 2015 年就提出了分级诊疗的概念，力图实现医疗资源的均等化和合理配置，直到现在也在持续创新体制机制，不断提升基层医疗服务能力。在需求方面，张颖曾经实地考察过河南、山东及广东的乡镇卫生院和村卫生室，看到了他们缺医少药的医疗现状，也意识到了这背后尚未被挖掘的广阔需求。

医疗行业最大的痛点是供给。患者生病就医的需求是不可避免的，但是在供给端，一名医生的培养周期至少 5 年，一款新药从研发到上市至少需要 10 年之久，投资金额动辄几亿元，尤其是在经济水平和基础配套设施并不发达的基层地区，谁解决了供给问题，谁就能在行业中占有一席之地。在张颖看来，适合在基层使用的药品和检测仪器以及能够实现医疗资源重组的方案，比如智慧医疗等，都是非常好投的方向，而这个方向一定也能产生出对应的巨头以及并购整合的机会。

另外，基层医疗的发展也存在一定的阻力。医疗资源呈倒三角形状，最尖端的三级医院汇集了最多的诊疗需求和最好的医疗资源，而三角形的底部就是基层的医疗资源。缺医少药中的缺医问题明显不可能仅仅依靠企业的一己之力来解决。这个过程还需要国家推出政策去促进医疗资源的流动，加强基层医疗人员的待遇，以及重视对医生力量的培养，这才是核心。

基层医疗有很好的前景，但必须承认的是，目前还需要从政策、技术、资本等多个方面去实现供给端的满足，这还需要一定的过程。张颖预测，在未来五年内，基层医疗会迎来大的爆发。

做好助攻者、聆听者和见证者

对于投资人与企业之间的合作，张颖更愿意用"陪伴"这个词来形容。

做好企业陪伴，张颖认为投资机构应该扮演好三种角色。首先是助攻者，要出钱出力让企业得到快速成长。在这个过程中，还要去扮演聆听者的角色，要跟企业中的核心成员分享发展过程中的得与失，对他们进行适当提醒，帮助他们去把控风险。最后还需要扮演见证者的角色。这个见证者不仅会见证企业的成功，也有可能会见证它的失败。双方需要有一个合理预期，在一个合理的时间，通过合理的方式去实现成长、应对风险，最终才能实现双赢。从陪伴的角度出发，做好助攻者、做好聆听者、做好见证者，这就是投资机构的职责。

医疗健康领域本身具有周期长和风险高的特点，所以投资机构对企业的陪伴显得更加重要。这个过程并没有什么固定的公式，企业需要什么，有经验的投资人和投资机构就力所能及地提供什么，只要真心付出、形成助力，那自然而然可以实现共赢。

"年轻人在20多岁的时候，核心词是'学'，他需要海纳百川、汲取营养；30多岁的时候，核心词是'勇'，就是要敢打敢拼、勇于尝试；40多岁时核心词是'带'，要由己及人，尽力去成就更多的人。"

这是张颖很欣赏的一位前辈说过的一段话，他认为伟大的企业也应如此。一个企业刚开始需要不断迭代、变大变强。当有了一定的基础之后，就需要去突破舒适圈，敢于创新、敢于变革。在足够强大的时候，就需要去孵化更多的优秀人才和项目，去带动整个产业的发展，去推动社会的进步。"成就伟大企业"，也是他和广发信德其他投资经理共同的信念和使命。

引爆高冷的科技消费品

科技改变世界。

18 世纪第一次工业革命以来，从纺织、蒸汽机、铁路、石油化工、汽车等一直到今天的 ICT、互联网，科技创新日益成为世界政治经济与社会发展的核心动力。

抛开宏伟的历史命题，站在人民生活的视角来看，每次科技发展所带来的都是人民生活水平的提高，是各类新型消费产品的涌现——电气革命带来了电灯和汽车，信息革命带来了互联网和智能手机。如今科技的发展速度越来越快，新兴科技日益涌现，伴随着 AI、机器人等技术越来越成熟，改变已经悄然出现在人们的生活当中。

清洁机器人可以帮你解决日常的除尘、拖地、洗碗问题；视频拍摄设备能够知道你喜欢的视频风格、时长、节奏，并自动剪辑成最适合的短视频；儿童作业灯能清晰判断出孩子的学习习惯和学习能力，还能因材施教为孩子匹配最合适的老师……

在至临资本投资副总裁陈絜然眼中，消费品领域过往就持续诞生了大量"独角兽"和"超级独角兽"企业，而未来"人群的变化 + 技术的创新"带来的双重变量，也必将带来丰富和巨大的创新机会。一方面，社会机构和人群的分层促使诞生的新需求要被消费品满足；另一方面，随着机器视觉、OTA 和物联网等技术的发展，越来越多的新技术将会被应用到消费品上。大量的新型科技消费品将会进入千家万户，人们的生活如同当年被移动互联网改变一般，也将再次迎来全新的变革。

并且，陈粲然认为，中国企业将在这次变革中独占鳌头——首先，中国的供应链兼具规模、弹性和复杂度优势；其次，从中国制造到中国创造，中国企业的创新能力和创新速度已经赶超海外；最后，中国拥有这个世界上最勤奋、最灵活、最聪明的企业家。他相信中国企业和中国投资机构毫无疑问将会引领科技消费品创业和投资的下一个十年。

把握科技消费品特征

什么样的产品才算是科技消费品？不同的投资人会从不同角度去理解这个问题，在陈粲然看来，科技消费品的本质是科技进步的影响在消费领域的延伸。如近些年来火热的清洁机器人、无人机、电动汽车等，都是技术进步带来的产物。

相对于普通消费品，科技消费品创业公司有着自身的特点。在缺点方面，科技消费品的供应链并不成熟，它是基于新兴科技发展而产生的，因此其供应链一开始并不齐全；同时，科技消费品的试错成本很高，因为这是一类全新的产品，它能否被消费者接受、未来会有多大的市场等，都需要实践来检验。

"不过世界是公平的，"陈粲然表示，"科技消费品的优点也非常明显。"

首先，科技消费品有着相对长的红利期。人们通常对初次接触的事物印象深刻，当固有品类中尚无代表性品牌时，科技消费品可以抢先进入顾客心智，成为顾客认知中该品类的代表品牌从而获得优先选择，或是通过占据品类特性来获得相关消费者的优先选择。如 usmile 180 天不用充电、云鲸免手洗抹布、Morroart 显示歌词等，这些科技创新带来的新属性，一旦被消费者接受，那么就自然而然成了市场的领军者。

其次，科技消费品的供应链、核心科技、消费渠道等是很难在短时间内被超越和模仿的。最为直观的例子便是大疆。大疆成立于 2006 年，是最早一批从事无人机技术开发的企业。经历了 7 年的研发后，大疆于 2013 年推出全球首款会飞的照相机精灵 Phantom 2 Vision，引发全球航拍热潮，从此，其在全球无人机市场的比重开始迅速上升。如今大疆在全球无人机市场上拥有绝对的话语权。它占据了全球超过 80% 的市场份额，国内市场占有率也超过 70%，在全球民用无人机企业中排名第一。

当然，科技消费品和其他消费品类一样，也存在着抄袭和模仿的情况。但在陈粲然眼中，科技消费品门槛非常高，相对于其他消费品类，科技消费品在模仿的实现上难度更大。

一方面是因为科技消费品有着独有的红利期和窗口期，可以扩大自身市场，占据用户心智；另一方面则与企业自身的内核和动力有关。陈粲然认为，任何一个公司的具体产品、技术或业务都有可能会被人抄袭，但一个公司的内核、文化和能力，则是其他公司没有办法抄袭的。

尤其是在科技消费品领域，科技消费品的生产过程是一个从 0 到 1 的过程，如果企业没有很强的创造能力和探索能力，那便很难拥有核心竞争力。

消费者核心需求没变

当然，科技消费品的创新并非无迹可寻，陈粲然认为，好的科技消费品要把握当下消费者的需求，了解新时代消费者的变化特征。

陈粲然认为，从古至今，消费者的核心需求是不变的，那就是存在感、安全感和舒适感。只是在当今时代，在消费主力军变化的情况下，这些核心需求的表达方式才发生了新的变化。

存在感，通俗来讲，便是"我就是我，是颜色不一样的烟火"。人们对于存在感的追逐是永恒的，如今随着年轻人购买力的崛起，很多为年轻人提供存在感的消费品类开始涌现，如摩托车。当下的大多数年轻人是买不起跑车的，而一台摩托车可能只需要年轻人支付 2 万~10 万元成本，便能获得类似跑车的消费体验，即酷炫的存在感和独特的操控感。

安全感，便是相信自己，依赖自己。与过往缺衣少食的时代所不同，现在的安全感更多体现在能掌控自己的生活，这使得健身、保险、健康、美护等需求越来越强盛。

舒适感，现在更多是指一些微小而确实的幸福。如今社会群体结构和群体关系在发生显著的变化——独居的人越来越多，情侣和夫妻之间的依赖和妥协越来越少，中国家庭从本地大家庭到异地小家庭，让婚姻作为避险结构的功能逐渐被弱化。这样就需要更多第三方或自动化服务去满足用户需求。例如，在家庭生活中，双方在打扫卫生上都不愿意迁就，那就给了清洁机器人发展的机会；又如，来自不同省份的两个年轻人组建家庭的情况越来越普遍，小两口和双方父母基本上生活在三地，这就给社会提供了小家庭的消费需求。

陈粲然投资的摩象科技便是基于当下年轻人新生存在感的需求而创立的。在快手、抖音诞生前，内容端一直处于图文时代。图文时代对于创作者的技能要求并不高，只需拍照发朋友圈，再编辑一段优秀的文案便能获得一堆点赞和认可。但如今已经是短视频时代，可大部分用户只是短视频内容的消费者而不是生产者，这是因为短视频的生产成本对普通用户而言过高，并不是所有的人都拥有生产短视频的能力，拍摄、筛选、剪辑、配乐等，这些都需要创作者拥有较高的素养，也会耗费较多的时间。

摩象科技通过 AI 解决了短视频生产成本门槛高的问题。在视频的拍摄上，它可以通过 AI，自动根据不同的场景调整相机的远近、色调、曝光量等，同时可以自动化运镜，帮助新手拍摄视频素材；在剪辑上，同样可以通过 AI，根据多个视频素材自动选择和剪辑所需要的片段，并完成后期的配乐和调色工作。

势在前，人在后；人更重，事更轻

对投资人而言，如何在消费科技领域把握未来可能爆发的新项目，陈粲然遵循"势在前，人在后；人更重，事更轻"的投资法则。

势在前，人在后。做投资最重要的便是判断时机，要判断投资的项目是否处于行业发展爆发的前夜。就消费赛道而言，首先是对人群消费需求的洞察，同时需要投资人关注行业基础建设发展的情况，关注技术是否到了能够商业化应用的程度。时机不对，人物再厉害也很难有很大的作为，就像三国里的诸葛亮，任他智冠群雄，失去荆州后，怎么打也再难出蜀。

人更重，事更轻。到了对具体项目的判断上，对人判断的权重应高于对某一具体事项的判断。毕竟企业的本质是一个不断成长、容错、演进的组织，而不仅是某一个产品、某一项技术或某一类服务的载体。企业的业务、技术、技术路线都可能发生变化，但人是很难发生改变的。一个人的知识体系和经验体系会不断完善，但是其内核是相对难以改变的，如这个人是否大气、是否有责任感等。

陈粲然表示，在无数优秀的创业者中，刘邦无疑是人类历史上创业者能力的天花板。

站在创业者的角度，刘邦启动资金少，他不过是丰沛的一个"基层公务员"，是中国第一个平民皇帝；他发展速度快，从公元前209年起兵，到公元前202年项羽自刎，仅仅用了7年时间；其"公司"规模大、延续时间长，汉王朝历时407年。

站在投资人的角度，刘邦的成绩与其性格密切相关——他勇敢且坚定，在秦帝国最强盛严苛的时代便掀起了反抗暴秦的斗争；他仁厚并果决，以仁义宽厚为基本，但又不拘泥于仁义，该狠心时当机立断；他公平、有信、无私，心里时刻装着对方的利益，并有能力让对方知道。

投资人则如同张良，为刘邦出谋划策，帮助其打造创业团队、把握时代机遇并合理分配相应的利益，如说服只有两千人的刘邦"创业"，让刘邦团结韩信、英布、彭越，反对刘邦封六国后裔等。

当然，作为投资人，在投资时要时刻注意自己的位置，摆正自身的心态。

张良本身没有那么重要，他的美名成就于刘邦的决策和最终的成绩，即使没有张良，也会有其他的陈良、赵良等为刘邦所用。创业者在商业最前线搏杀，投资人只是作为参与者为其提供帮助。因此，投资人的声名与回报，都得益于这些企业和企业家的成功。

投资人也并非人人都能成为张良，没有张良的天分还想做到看清大势，那就必须多做一些功课。尤其是在科技消费品领域，投资时机未到时，大部分时间做的都是熟悉产业、积累资源、结交朋友等一些准备工作，时机一到，投资决策就是水到渠成的事情。

Chapter 8

第八章

数智时代投资方法论（四）
——投后管理不容忽视

创投退出的"道、天、地、将、法"

2009—2019 年，创投从一个相对小众的市场，发展到年募投规模超过 1.5 万亿元的市场。按照基金 7～9 年的生命周期，创投行业从业者也经历了募、投、管、退的一个轮回。

在过去 10 年，在募、投、管、退四个环节中，投资机构最为重视募资与投资两个环节，原因无他，管理费是大多数机构赖以生存的根基，提高管理规模是 GP 的核心目标之一；而投后管理和退出，由于反馈的滞后性、作用的难以评估性，并没有受到足够的重视。

直到《资管新规》出台后，募资市场进入寒冬，2009—2012 年成立的基金面临交答卷的时间，大多数 LP 却对答卷可能并不满意，大量 GP 面临的现状是新资难募、老 LP 难缠的两难境地。

在这样的背景之下，GP 才或被动或主动地开始重视投后管理和退出相关工作。

原潜力股平台创始人、中科创星董事总经理李刚强认为，退出是一件具有极高难度、需要进行系统性思考与布局的工作，既要有道的谋略，又要有术的执行；既要运筹帷幄，又要全盘考虑，才能决胜于千里之外；既要相时而动，识时务而为之，又要临阵练兵，排兵布阵，灵活运用。其个中奥妙，颇似运用"孙子兵法"，为此，李刚强将其总结成创投退出的"道、天、地、将、法"五事，即退出之"道"、退出之"天时"、退出之"地利"、退出之"将选用人"、退出之"方法"（见表5-1）。

表5-1 创投退出的"道、天、地、将、法"

	兵法	退出	涉及的因素
道：目标	上下同欲	全员明确基金的目标	GP 目标、LP 目标
天：时机	阴阳寒暑时制	制定退出的时机	宏观环境、资本市场、竞争态势、企业态势、基金周期
地：现状处境	远近险易广狭	因项目制宜，制定退出策略	GP 需求、LP 需求、员工需求、投后管理、基金组合表现、潜在退出机会、收益计算
将：人才	智信仁勇严	选用合适的退出人才	合伙人、投后退出负责人、退出执行者、合作伙伴的意识、能力与资源
法：方法	曲制官道主用	退出工作的具体执行	内部决策体系，退出方式、退出估值/比例、潜在买方、避税决策

退出之"道"

退出之"道"，首先是创始合伙人要明确退出的重要性。如果创始合伙人不重视，那么其他人更难以重视。

但只是在合伙人层面明确了基金的目标还不够，更重要的是要让全体员工清晰地理解基金的目标。要让退出意识、危机意识根植在全体员工的脑海里和骨髓里。

从"道"的角度来说，创投的退出核心是要明确谁是我们的客户，我们要为客户提供什么价值？

作为投资人，客户到底是项目方还是 LP ？很多 GP 可能对此有一些疑惑。李刚强认为，创投的最终客户是 LP，（财务性）创投的唯一目的是为 LP 创造回报，而投资到优秀的项目并且成功退出是投资人创造回报的方式和路径。

如果大家在这个目标上达成共识，那么以下几个问题的答案便显而易见。

第一，从基金可持续、长久发展的角度来说，募、投、管、退，哪个环节最重要？

可以说，募、投、管、退四个环节，环环相扣，缺一不可，但从目标角度来说，募、投、管都是过程、是手段，退是目的。好的募、投、管是好的退出的必要条件，但并不是充分条件。也就是说，即使募、投、管做得好，退出管理没做好，退出回报也不一定高。

第二，项目的账面回报和实际现金回报，哪个更重要？

项目的账面回报是过程，实际现金回报是目的和结果。

对于现金回报来说，账面回报既不是充分条件，也不是必要条件。也就是说，高的账面回报并不必然带来高的现金回报；高的现金回报也并不一定需要高的账面回报。为什么？举例来说，投资人投资了某个项目 A 轮，该项目没有后续融资，两年后的某天该项目突然被上市公司按照 10 倍估值收购了，投资人获得了 10 倍的现金回报，但在这两年中投资人并没有获得账面回报。

当然，这并不是说账面回报不重要。对于早期投资来说，后续融资带来的账面回报对基金来说既是对投资眼光的认可，也是未来退出的估值锚定。举例说的这种情况过去在中国市场其实并不是经常发生的，尤其是对于早期投资来说，很少有早期投资项目不通过多轮融资就能退出。但是过去很多年，当 GP 向 LP 汇报时，更倾向于用账面回报来表现基金业绩。今天，成熟的 LP 都知道，账面回报离现金回报还有较远的距离。

在李刚强看来，账面回报 × 退出率 = 现金回报，即 IRR × 退出率 = DPI。作为一只基金，尤其是早期基金，它需要很好的账面回报，这意味着项目的价值得到了提升并被认可。但如果没有退出，其现金回报大概率也是低的。

这也是过去几年 LP 疑惑的地方：基金报告里写着的账面回报高达四五倍，但为什么六七年过去了，本金都拿不回来？

第三，GP 在人员配置、薪酬体系上，应该如何分配？

既然退出是投资机构的目的，是投资机构赖以生存的根基，那么投资机构应该如何对退出行为和人员做出激励？

李刚强基于多年经验，认为目前我国投资机构对退出的重视程度及人员和资金投入严重不足。例如，负责投后及退出的人员的薪酬远低于投资和募资人员。我们后文在"将"这一环节会具体探讨。

退出之"天时"

时机的选择对于退出成绩的好坏至关重要。

退出之"天时"主要是考虑 GP 的退出时机选择、基金的生命周期、基金的结构、外部环境等因素。

首先，对于基金整体退出时机可以分为岿然不动、亡羊补牢和未雨绸缪三种。

岿然不动指不管外界环境、LP 需求如何变化，依然保持自身原有的策略不变。

亡羊补牢指等到失去退出机会，或者 LP 强烈要求时才开始着手退出。

未雨绸缪指提前规划好退出的方式和策略。

从时机上看，要做好退出，一定要未雨绸缪。未雨绸缪的退出理念——成本最低、效果最好、收益最高。因错失退出机会而损失惨重的案例不胜枚举。

其次，从基金的生命周期来看，在不同阶段，项目的成长状态不一样，LP 对账面回报和现金回报的要求也不一样。

在投资期看，项目处于刚投的状态，成长不多，估值提升不高；从账面看，基金的收益甚至会略微亏损，呈现 J 曲线的早期特征。

在基金的管理期，被投项目获得了一定发展时间，完成了后续融资，LP 期望项目的账面回报上涨得快；这个时候，LP 开始希望有部分现金回炉；由于部分项目快速发展、快速融资，也为 LP 回炉部分现金提供了一些可行性。

在退出期，项目基本经过了多年的发展，结果基本呈现；LP 由于投资了较长时间，对现金回报的渴望远远大于账面数字的上涨。

最后，从基金的结构（整体和局部）来看，在不同阶段，LP 的要求也不一样。

在基金的早期，GP 可以通过部分项目的退出，实现对 LP 的现金分配；但到了基金清算期，LP 则希望整个基金能实现退出和清算。在这个时候，单纯对部分项目进行退出，可能已经不能满足 LP 的需求，需要考虑实现整体的退出。

目前国内的现实状态是，很多基金在到期之后，经过多次延期，依然无法实现项目的全部退出和基金的整体清算。

退出之"地利"

李刚强认为，退出之"地利"，主要是基于基金的现状进行综合考虑，制定最佳的退出策略。

基金的现状包括基金的回报现状、LP 的需求、GP 的需求、投资经理的需求、投后管理、所投项目组合的表现、潜在的退出机会、各种退出方式下的收益测算等。

一个退出决策的制定，实际上是多方利益博弈的结果。GP 的需求、LP 的需求和投资经理的需求存在着一定程度的差异。

举例而言，投资经理考虑的是自己所投的那一两个项目的好坏，退出收益的高低，这直接影响他的收益，甚至大多数投资经理不会在一家基金公司长期工作，其需要通过好项目为其背书寻找更好的新工作。GP需要考虑的是整个项目组合的表现、LP的需求和GP的需求等，并进行平衡。

这种差异性导致各方在投后管理、退出决策上的出发点是不一样的。

为了消除角色不同而带来的决策偏差，GP需要加强对项目的投后管理，加深对项目的了解，从而制定更好的退出策略。

李刚强认为，投后管理对于提高基金收益的作用明显。项目发展的好与坏，和投资机构的投资收益高与低，是两件虽然相关但又在一定程度上相互独立的事情。项目发展好，收益未必高；项目发展不好，收益未必低。投资机构在一个项目上的投资收益高与低，与投后管理相关。

退出之"选将用人"

李刚强认为，创投的退出，涉及创始合伙人、主管退出负责人、投后负责人、退出执行者、外部合作伙伴的退出意识、知识、能力和资源等多方面因素。

其中，退出意识是前面所说的"道"和"天时"，即创始合伙人及全体员工要在战略上十分重视退出这件事情，主管投后和退出的负责人要准确判断退出时机，主管退出的负责人、退出执行者和外部合作伙伴，要拥有丰富的专业知识，要在能力上十分突出，在资源上十分强大。

退出的选将用人，包括三个方面，一是多层次人才体系的搭建，二是针对不同阶段的基金要配置不同的退出人才，三是建立退出人员的激励体系。

第一方面，在人才体系的搭建上，分如下几类人才：

一是主管投后及退出的负责人，要能统筹全盘、相机择时、协调能力强。

二是具体执行者，要具备一定专业能力、问题解决能力。

三是合作伙伴，要有丰富的经验，知识涉及面广且专业。

主管投后及退出的负责人是"头"，具体执行者是"手"和"脚"，合作伙伴是"尾"。然而，在实际操作中，很多机构目前在退出上配置的人员更多的是执行者，能掌握全盘的负责人极少。

对于基金来说，掌握全盘的负责人比具体执行者更为重要。负责人的主要工作归纳起来是总揽全局、相机择时、统筹协调。

所谓总揽全局，就是制定整个基金所有项目的退出策略，同时要平衡好上述"地利"中所说 GP、LP、投资经理的利益诉求。

所谓相机择时，是指对每个项目的退出时机、退出方式、退出策略进行判断和决策。

所谓统筹协调，是指对各个利益相关方进行协调和平衡。退出工作涉及 GP、LP、投资经理、项目方、接盘的买方、中介机构等各个角色。作为负责人需要与项目方沟通，以使其配合退出；需要协调中介机构，让其服务得尽职尽责；需要使 LP 理解和支持退出决策；需要平衡 GP

内部和投资经理的关系。退出工作对负责人的气场、综合能力、谈判能力、协调能力、专业能力要求极高。

正因如此，如果一家基金的退出工作人员以执行者为主，就难免见一叶而不见全貌，得一城而失天下，也可能面临无法正确处理各种利益相关方的刁难等问题。

第二方面，不同阶段的基金退出对人才有需求差异。

在大多数情况下，IPO 和并购是由项目方来主导完成的，投资机构为辅助角色；通过转让、回购、对赌、清算、资产重组等其他方式进行的退出，基本上是由投资机构来主导的。

在回购、对赌、清算等退出方式中，法律手段、财务技能用得更多，对话体系和看重的核心数据更多的可能也是法律和财务指标，打交道的人以会计师、律师、法院等人士居多，因此如果负责退出的人才有这方面的技巧会更好些。

在转让、并购等方式中，对企业进行评价主要是依据用户数据、增长率、MAU/DAU、在线时长、复购率、ARPU、LTV 等指标，打交道的人可能以财务顾问（FA）、一级市场投资人、产业投资人为主，因此拥有一级市场的经验技能、知识体系、人脉圈子的人可能会更好些。

第三方面，投后和退出人员薪酬激励体系的建设。

目前，投后和退出人员普遍对薪酬表示不满意，在同一家机构内部，仅就工资来说，投后和退出人员远低于投资和募资人员；从项目退出的超额收益来看，投后和退出人员的奖励体系也不明确。

现阶段整个投资圈对于投后和退出人员的薪酬体系如何建设，并没有一套相对成熟的机制，还有待探索。

李刚强认为，我们应该通过 360 度评价、过程评价等方式，明确投后和退出人员在项目发展过程中的价值，将团队获得的整体超额收益中的一部分分配给投后和退出团队。

退出之"方法"

关于创投退出之"方法"，涉及内部流程体系建设、各种退出策略的应用、潜在买方体系的建设、退出估值／比例、避税方式等相关内容。其涉及的细节内容非常多，我们在此仅讨论内部流程体系建设这一部分内容。

李刚强认为，建立严谨的退出内部决策流程对于基金来说至关重要。原因如下：

一是为了进行更充分的讨论，这就倒逼利益相关方（投后退出负责人、退出执行者、投资经理、合伙人等）做更多更全面的准备工作，以带来更准确的判断。

二是便于利益各方的相互理解和达成利益均衡。我们知道，GP、LP、投资经理的利益并不是完全一致的。例如，投资经理更多是从这一个项目的角度来看问题，而 GP 要统筹考虑整个基金的所有项目的情况，还要考虑 LP 的需求。通过会议的公开讨论，使各方更能理解彼此决策的原因和依据。

三是便于厘清责任与计算功过：每个项目的退出决策，有可能是正确的，也有可能是错误的。如果最终决策是经过利益相关方投票达成的，那么在某个项目退出决策错误时，就不涉及"谁来背锅"问题；从另外一个角度来看，尽管如此，在会议过程中，每个人的态度如何、判断如何，也是事后评判其价值的重要依据。经过长期的这种过程，便能总结出谁的观点更为正确。

因此，投资机构可以建立由主管合伙人、投后和退出负责人、投后和退出具体执行者、投资经理等共同组成的退出决策委员会，其中，由主管合伙人、投后和退出负责人为退出决策委员会的常委，负责所有项目退出的判断；每个项目的退出决策委员会加上投后和退出具体执行者、投资经理或其他相关者，为临时委员，他们提供相关信息，共同参与讨论。

每次召开退出决策委员会，应形成相关文档、会议纪要、与会者的核心观点等，留存档案，在事后进行绩效考核时作为参考，并可用于后续复盘。

退出工作是一件极为重要、极有难度、极具学问的事情，道、天、地、将、法，从目标理念、时机、现状、人员、方法五个层面，步步为营，环环相扣。

要做好退出工作，需要从道到法、自上而下，进行推动和落实。这种方式事半功倍、高屋建瓴、提纲挈领，可以帮助基金建立系统的退出方法论，从而形成完整的退出理念和决策体系，并可以传承和复制下去。

系统做好投后管理

关于投后管理，九鼎投资高级副总裁、管理合伙人张晓萌有自己的理解：就管理的模式而言，应该建立一种优于投资经理负责制的模式。

投资了一个项目，然后让自己去否定自己，这从每个人的内心层面来讲是很困难的。

尤其是一个项目不会在一夜之间坍塌，一般都是投资之后，过了一年觉得收益不及预期，到了第二年资金链稍微出现问题，到了第三年项目有可能失败。

所以，在第二年的时候，如果让投资经理去复盘，考虑这个项目到底该不该退出，大部分人会考虑再给一年的机会。

这是人性导致的，要从制度方面来解决这些问题，不然后续还会有更多的问题。因此，只能建立制度去保证这个体系的运营，从而解决效率问题。

系统化做好投后管理

九鼎投资最终探讨出一种可行的投后管理模式。

具体来讲，在顶层设计上，一定要把投后中心当作最前台的业务部门。在内部，投后中心、投资风控中心和融资中心是并行的三大业务部门。

有很多机构把投后中心定位成一个中后台的角色，投后中心只能发挥很小的作用。

就目前来讲，九鼎投资在一个项目做完工商变更后，便将项目完全交到投后中心，投资经理再去跟其他企业接触。

在投后管理中，最大的问题是信息高度不对称，信息从一个人那里反映出来，中间的组织架构隔的层级越多，反映到最上层的信息通道就越不通畅。

所以应该提倡项目扁平化管理，通过不同的分工来完成。以九鼎投资为例，投后一组全部专员都来自证券公司、会计师事务所、咨询公司等，大部分人都是在资本市场上有足够丰富经验的技术性人才。

投后二组专员则是具备法律行业、不良资产管理行业从业经验的人才。"一专多能"一词就是说一个投后专员需要具备投行、财务、法律等方面的知识以及一些企业运营知识。大家都要对专业知识有一定了解，在此基础上，还要各有所长。

项目日常跟踪

对于确定要退出的项目，"盯得紧"这三个字，是头部投资机构应着重注意的。

"盯得紧"靠平时跟踪来落实，九鼎投资现在主要就是在做日常跟踪。

这期间最重要的是协助企业进行资本运作。投资机构不是产业投资者，因此只能在资本方面提供一些建议。

至于这个企业在运营方面该往哪条路走，则是投资机构无能为力的，因此，投资机构应该相信大股东，并积极为企业对接业务资源。

具体来说，日常跟踪包括以下三方面内容。

首先，通过高频率的现场拜访，包括与企业各层级人员沟通、考察生产现场、参加股东会或董事会等，随时了解企业的最新情况。

其次，通过数据分析了解真实的企业业绩，包括财务数据及指标分析（毛利为什么波动大、应收账款周转天数为什么大幅增加、销售费用里主要都是什么内容）和业务数据分析（合同台账、员工工资表）等。

最后，要时刻保持思考。先进行投资逻辑的验证，验证投资报告中的投资亮点是否还存在，进而判断企业是否需要即时退出。

如果当时的投资理念、客观环境、经济形势发生了重大的变化，那就需要重新考虑该项目的投资价值了。

协助资本运作

谈及协助资本运作，有时候很多中介机构的想法跟投资机构作为股东的想法并不完全一致。

例如，中介机构不想承担风险，只想尽量省事（出各种承诺函），不一定真心希望企业尽快上市（保荐代表人要跳槽、会计师要多收费）。

要了解这个中介机构的真实想法，才能知己知彼、百战不殆，只有这样，投资机构才能有更好的应对措施。

有时候企业会跟投资机构站在一起，有时候企业会跟证券公司站在一起。作为投资人，我们最重要的是维护自身基金的利益，在资本运作方面，能申报的尽快申报。

在对接业务资源方面，需要建立一个完整的生态系统，集中成体系的资源来帮助企业去发展壮大。

👁 小贴士

关于投资行业职业选择的一些小建议

给观望工作机会的人的建议——稳定为王

目前，就业形势稍显严峻，如果原来的平台还不错，建议大家就不要换工作了。

现在募资特别难，投资管理显得尤其重要。在投资行业里面如果没有特别大的建树和优异的表现，盲目换工作不如对被投企业深入赋能，加强投后管理。

基金的高管在面试人才时非常关注的一点也是稳定性，会考量一个人才是否能在岗位上坚持长久，这一方面取决于人才自身对岗位及机构文化的认可度，另一方面取决于人才自身的"定性"。

给有过成功经验的投资人的建议——保持空杯心态

心性能定则称智慧，要懂得忍辱、懂得反思，投资人切忌活在过往成功的光环里，一定要提早做调整，节省时间成本。

人生是不可逆的，时间不等人，我们要迅速判断市场，适应市场的变化，并及时做出调整，给自己合理定位，不断审视创新和迭代。

给应届毕业生的建议——师傅领进门，关键在个人

对于刚进入职场的人来说，上司是非常重要的，在培养个人的品行、价值观、格局、高度等方面影响重大。但在接受上司教导如何做事、做人之后，最重要的还是看个人。

好的平台有成功的方法论和成熟的培养机制，应届毕业生一定要选择大平台，不是特别建议去一些创业公司，这样可能会多走很多弯路。

给投行、医疗基金和消费基金投资人的建议

对投行人才而言，工作1.5～4年是转型比较好的时间点，最好的是1.5～2年这个时间点。但是，对于投行的伙伴来说，现在并不是转型

好时期。建议身在投行的伙伴，只要不遇到裁员，可以考虑继续深耕2～3年。

从发展上看，如果到了较高的职级（VP或Senior），可以去B到D轮，甚至更后期的公司担任CFO，届时再加入D轮后或上市公司战略投资部。通过这两年对医疗基金人才流动的观察发现，医疗基金在人才需求方面，除了少部分PE基金，已经越来越倾向于选择具有医学背景的天才。

对于非医学背景的医疗投资人，在未来医疗投资领域很可能会遇到瓶颈，建议相关人员提前思考自己在这个行业的竞争优势和壁垒；如果竞争优势不突出，可考虑转型到其他领域或行业。

目前，很多上市公司、独角兽公司的战略投资部都有了扩大规模的规划，很多传统行业也开始转型做企业风险投资（CVC），还有一些消费基金陆续活跃起来。这些都是比较好的市场选择机会，建议纳入考虑范围。

其他建议

除以上几个针对特定群体的建议外，我们对金融人还有一些具有普适性的建议。

一是职场人要学会压力排解，抗压是职场必备的能力之一。

二是职场人要有忠诚度。忠诚度是每家机构都非常看重的，很多金融行业的从业人员因为跳槽特别频繁，结果一事无成。

三是对基金、金融人才怀有敬畏之心，这是成功的前提。

最后和大家分享三句话：第一句是审时度势、拥抱变化、延迟满足、遇见未来；第二句是坚信坚持的复利；第三句是要相信"相信"的力量。

后记
postscript

"天下熙熙皆为利来，天下攘攘皆为利往。"

在距今两千年前的西汉，著名史学家、文学家司马迁在《史记》的第一百二十九章"货殖列传"中，就点破了人类社会发展的本质动力之一。如今两千年时间过去，铁犁农耕的社会早已被数字网络取代，西汉的司马迁也断然不会梦到如今数智化的人类生活。

两千年的岁月里很多东西在改变，却也有很多核心的东西从未改变。

放在投资领域，其不变的核心便是尽可能地趋利避害，追逐高回报的投资项目，而变化的不过是追逐和瞄准的领域和赛道有所不同罢了。

这和我们在采访过程中诸多投资人的回答一样："最好的项目便是那些能够改变社会、改变世界的项目，想遇到这种项目只能是看运气；接下来便是那些能够对社会有贡献，同时又能够带来高额回报的项目，我们很希望投资这类项目，但也只是可望不可求；最后便是那些能带来回报的项目，不求能够改变社会，但至少能对得起出资人，毕竟这是投资工作最本质的要求。"

如果非投资领域的读者能够看完这本书，相信也会对投资者、投资机构多一些理解。这份工作在外人看来确实光鲜亮丽，甚至能够改变世界，但实际上改变世界的从来不是投资人，而是各行各业的创业者们。

投资人的工作是把 1 变成 10，或者把 10 变成 100，但从来不是把 0 变成 1。

此前，社会上总是会有声音来批评国内投资行业发展的各种问题，质疑为什么资本不去投那些"正确"的项目，如中美贸易摩擦前的芯片、高端制造等。但实际上在投资人眼中，这些项目当时并不火热，当时最火热的是移动互联网、共享经济、在线教育……

社会大潮是很难改变的，就如同新冠肺炎疫情暴发后火热的医疗赛道一样。在未来，或许资本可能会如同烧共享单车一样烧某条细分医疗赛道，但这一切的前提在于社会大趋势的到来，我们不能站在事后诸葛的角度去看待和评判，去强迫资本投资那些"正确但回报太少"的项目。

因此不难预测，在未来的 5～10 年，某些项目依然会成为当年的"共享单车"，被一波又一波的资本涌入，狂欢后最终落得一地鸡毛，而这些项目在未来的 10 年后又会被媒体与社会提到嘴边，质问为什么当初资本不去投资，而导致国内企业被国外企业"卡脖子"……

历史总是这样相似，总是一幕又一幕地上演着过去发生过、未来依然还会重复发生的事，区别只不过是换了演员、换了舞台。

在这里要感谢所有我们曾经采访过的投资人，感谢那些为本书提供思想火花的投资人。前者让我们开拓了视角，在综合个人经历的基础上，能够结合产业逻辑站在更高的角度去看待数智时代的种种问题；后者丰富了本书的内容，让读者能够读到他们关于某行业、某赛道的真知灼见。

当然，这些观点和意见只是一家之言，正确与否要靠历史来评判，相信与否则要看读者个人意愿。我们只是将这些观点梳理出来与读者分享和探讨，并非认为书中的观点全部是正确的而让读者去相信，这不可能，也不现实。

我们希望看到的是，无论专业的投资人还是普通的读者，都能够从书中有所收获，也同样希望能够站在如今这个时代的节点，记录下当代投资人的所思、所想让后人评判。

等到十几年甚至几十年过去，如果读者能够从历史的书橱里偶然发现这本书，拂去灰尘翻翻文字，书中的内容有些可能很荒诞让你付之一笑，有些则是踩中了时代的脚印让你感慨万千，也不需要评判谁优谁劣，毕竟这个时代的投资人就是这样一群人，他们的观点就在这里。

2021 年 7 月于成都